16天鐵騎穿越絲路

5名鐵人幫網路創業夢想奇蹟

黃鵬升╳吳輝榮╳黃世樺╳徐大鈞╳黃致倫

夢想，我來了！

——魏德聖（導演）

我一直都覺得，很多人在 30 歲出頭就放棄了人生，如果一個人可以活到 80 歲，扣掉前 20 年受教育，後 20 年老得動不了，還有 40 年要過。當你 25、26 歲的時候找到人生方向，才努力個 5、6 年，過了 30 歲沒看到結果，就覺得不能再這樣下去，意志開始動搖，懷疑是否該跟別人一樣結婚生子，是否該放棄夢想遷就現實……。可是你有沒有想過，你才花了 10 年在你喜歡的事情上就妥協放棄，等於你的人生只奮鬥了 10 年！難道要把夢想移植到下一代身上，難道未來 50 年都要過著沒有夢想的人生嗎？

透過特別的機緣，有機會拜讀到鐵人幫的夢想紀錄，這是一趟令人感動，也令人嚮往的旅程。首先讓我感到驚奇的是他們的組成：從共同創業開始，揹負夢想、相知相惜，最後一起踏上圓夢之路。他們的年齡從 27 歲到 50 歲；學歷從國中肄業，到知名國立大學畢業；過去的職業經歷也很不同，有的是高階的專業經理人、有的是業務、有的是退役軍人、有做工和幫人按摩的服務業、甚至也有從來沒有進入過職場的大學生。如果以專業車手的標準來看，這只是一群烏合之眾，但是他們卻也逞了一次匹夫之勇，書中的紀錄文字平實，透由輕鬆的記載方式，將整個單車絲路的驚喜與熱血的冒險旅程一一呈現，讓人在閱讀時很快地融入他們的意境，雖置身千里之外卻也能參與其中，彷彿真實感受到了北方漢子的豪氣盛情，驚心動魄的火焰山，一路上的美食，還有冰與火的考驗，沿途鄉鎮上的異鄉民族種種奇景人文，令人萬分激賞。

當初我想拍《賽德克·巴萊》的時候，不論我如何努力，要說服

市場拍一部成本好幾億的國片，對當時的環境來說根本就是天方夜譚，這個目標在我的清單裡只能延後，後來雖然有了《海角七號》的成績，慢慢看到了曙光，但是在籌拍的過程中，還是經過了無數的挑戰和困難，靠著團隊的堅持努力，才有最後實現的成果。我在這群鐵人幫的身上，看到了相似的過程，由於作者們的背景不同，但卻一樣都有著共同的夢想要去實踐，透過創業支持和團隊合作來完成這個任務，這種徹底的執行夢想，在同類的書中實在是難能可貴。

我還記得 2003 年的時候，當時準備要拍一個《賽德克‧巴萊》五分鐘的試探帶，是想要去找錢的一個案子，拍那個東西需要兩百萬，但是這五分鐘的片子是完全無法回收的，也就是說錢花出去好像丟到水裡面，跟完成一部電影不一樣，這是嘗試性、實驗性質的做法，失敗就什麼都沒有，不會讓你產生回收。那時候很多準備一起工作的朋友雖然都已經把時間空下來，可是到最後都忍不住勸我說：「你還是不要拍好了，因為這個東西兩百多萬耶，兩百多萬不是小錢，你現在也沒有錢。」我那時候為了要再貸款出來做這件事，就跟太太說：「你決定！你覺得我可以拍就拍，你覺得不可以拍就不要拍。」她就跟我說：「我是一個沒有夢想的人，但是你有，有夢想的人很多，會去做的人很少，可是你是一個少數那幾個會去做的人，你要做就去做，不要到了老的時候再跟我講說當初如果怎樣怎樣就好了。」

每一個追求夢想的人，都必須經歷且接受這樣的磨練，這也是創業家的覺悟。也是因為有這樣子的覺悟，即便身陷險地，卻也豪情不減，於是夢想的輪廓清晰了，於是可以大喊：「夢想我來了！」

最後，用這本書敬每一個勇敢實踐的夢想家！

一站一站，看到了新風景

——楊力州（紀錄片導演）

　　我真的覺得老天爺有點安排，在看到這本書的邀序時，我想到了2008 年的那趟北極之行。

　　絲路也好北極也罷，那些都是一個很巨大的一種心靈旅行。北極行雖然有三四個人，可是我們每個人都包得緊緊的，某種程度上你就只能跟自己對話，你就一直走一直走。而我在這趟旅程裡面，有兩次瀕臨死亡的經驗。因為太寒冷了，我們那個睡袋只能露出一個鼻子呼吸，可是露出鼻子呼吸還是很冷。帳篷外面零下四十度，但是帳篷裡面大概野零下二三十度，還是很冷的，所以我用那個布、圍巾什麼的就塞住，只留兩個小孔而已來呼吸，然後我把全身都包在裡面。

　　我記得那時候熟睡時，突然發現呼吸不到空氣，就開始掙扎，手摸不到睡袋的洞口在哪裡，因為洞很小，當快沒氣時，然後可以抓到那個布推出去，此時寒風刺骨的空氣就這樣灌進你的鼻腔、肺裡面，像被針刺一樣，我就哭了出來，因為你知道你剛剛差點死亡。

　　就這樣在這個地方待了 21 天，每天都在那種惡劣環境，吃著太空食物然後一直走著，想到我死去的外婆，想到很多很多事情，想到我為什麼在這裡，反正亂想的都有。那時候我發現跟在北極生活比起來，過去的任何挫折、惡劣環境根本不算什麼。不管是孤獨還是困境，跟這樣惡劣的環境相比都不算什麼。

　　我到了磁北極點，指北針不能用了，那是世界的盡頭，什麼東西

都一望無際，也什麼都沒有。然後全身臭得跟什麼一樣，很髒，這21天我瘦了18公斤，整個瘦一圈，然後全身都是裝備，還帶著攝影機。在那個地方的時候，我突然懂了：原來我真的走到了世界的最後一步，可是當我站在這世界的最後一步時，只要再往前走一步，就是新世界的第一步；原來舊世界的最後一步跟新世界的第一步根本就是同一步；原來我可以在任何時刻我都可以重新開始；原來可以在任何時刻，我都可以告訴我，我都可以拋棄過往。

　　只有拋棄過往，生命就開始有了新的長相，如同書裡的這五個鐵人幫的傢伙，我們在他們一站一站的旅程中看到了風景，也看到了那些深藏內心的感受，字字句句。

創業，看見雨後的彩虹

——董宥均（知名網路創業家）

因為創業的平台

認識了這五個有夢又勇敢的大男生

而在拜讀《自找的。夢想》的同時

彷彿我就坐在他們的腳踏車後座

跟著一起淋雨、流汗和嘻嘻哈哈地騎到了終點站

也讓我不斷想起自己大學時代當背包客的生活

旅程中的每一步都看似有規劃 卻又充滿變數

而這樣的心境與過程

的確跟創業的經歷不謀而合

鐵人幫有提到

三鐵的項目：游泳、騎車、跑步

哪一項最難？答案是：報名

真是一點兒都沒錯！「決定開始」真的好難！

很多朋友都想突破現狀

更多朋友渴望追求夢想

但還沒有機會認識到雨後的彩虹

就被閃電打雷給嚇退了

而誰會淋雨卻依然前行？

就是未來再也不想受風吹雨打威脅的創業家們

創業導師李開復曾分析
成功事業的三個關鍵點：資本、戰略、人才
而這樣的創業學問在鐵人幫的 16 天騎跡中
透過故事與經歷娓娓道來
讓我們明白團隊的價值、謀略的靈活運用以及掌握資源的重要性
真是一本深入淺出又好玩好看的創業家追夢記！

泡杯茶坐下來
給自己一個可以與鐵人幫對話的午後
跟著他們一起踏上挑戰與衝往無限可能的同時
請記得不斷地跟自己確認
如果我也可以好好安排自己人生的旅程
為何要繼續讓形形色色與我無關的導遊們
指使我該往何方？甚至塑造我成為何人？
既然都是要自己上場演完
何不把劇本奪回？大膽地自編自導自演呢？

跟著鐵人幫一步步的學習如何為夢想前進吧！
好好享受 心為真正的自己跳動的感覺囉～

放手去做，實現夢想

——馬克（職場圖文作家）

所謂的夢想，它能讓一個人為了它逼自己變厲害，但也能讓更多人發現自己的夢實在太難了，怎麼想都不可能實現。

我要告訴你：不，可能。我還要送上這張我看完本書加油添醋畫的圖，提醒每個還有夢的人，停止再用光想不做的方式接近夢想了，你得放手去做！總之我和五位作者都要提醒你，夢想是有可能的。

分享勇敢追夢的故事

——黃鵬升（Johnny，鐵人幫）

有人問這一生為何而來？

我會說：「為了實現夢想而來！」

絲路、壯遊、圓夢這些字眼對以前的我來說，是遙不可及的。沒想到，在找為書寫序，整理照片時才驚覺，這一切已深深地烙印在我的腦海裡，成為精彩回憶的一部分。如果當時我們沒有好好規劃，勇於實踐，只是將夢想掛在嘴邊，將來一定會後悔，更不可能有此書的存在了。

早在出發前，就有朋友希望我們能把我們整趟行程紀錄下來，集結出書。鐵人幫出書的目的有 3 個，其一、將背景、年齡原來如此懸殊的 5 人，透由努力創業，勇敢追夢的故事分享給年輕人，希望能啟發他們找到自己有夢想並且勇於實現。其二、想呈現的是實現夢想，不能只是放下現在的角色責任，自私的只為自己的夢想出走。而是要把自己的角色扮演好再來圓夢，這才算是真正的圓夢。其三、更重要的是，圓夢的計畫通常都是屬於個人夢想。而我們是訂定了 5 個人的團隊夢想。如同漫畫《海賊王》裡：大家為了尋找傳說中的空島，為了夥伴們彼此的夢想而努力。

我們 5 個人每天所拍的照片、影片的紀錄，全部加總起來，光是照片就超過 15000 張，加上錄影紀錄，容量高達 50G 以上！（看看鐵人幫這些人有多自戀、太愛拍照了吧！）但從新疆回台後，經過多次的討論，要集結出書的計畫困難重重，主要不外乎因為家庭、事業出

國出差行程等⋯⋯事務和行程滿檔，沒辦法好好整理所有資料。而且我們又是出版界的素人，沒有知名度。所以洽談了很多出版社都石沉大海，大部分的出版社都沒有把握將我們的故事集結成書，不知道市場接受度如何。所以我們一度打算放棄出書的計畫。

但是，鐵人精神：永不放棄的信念，一直在我們的血液中奔流著，某一次鐵人幫聚會中，阿樺談到被延宕的出書計畫時，心裡有所感慨，舉起酒杯，乾了他面前的那杯氣泡四溢的啤酒後，大力地拍了桌子，模仿《葉問 2》中的洪金寶飾演的洪拳師父的口吻，大聲說到：「為了生活我可以忍，但為了激勵所有人的夢想，我們不能等。」

當時阿樺的談話口氣及能量，感動了我們，於是我們就更努力尋求管道想辦法完成出書的任務，最後盡了一切的努力，也感謝時報出版的協助，讓此書得以順利完成。如同在絲路的旅途中，除了個人狀況之外，還要能兼顧其他夥伴們的狀況，要是遇到突發事件或意見不同、計畫趕不上變化時，需要討論、協調、甚至為了多數決而妥協等⋯⋯。要兼顧所有夥伴是否能在努力的過程中，目標和方向一致、相互扶持、排除困難，順利且平安完成，這就是團隊夢想的可貴之處，為了夥伴，一起實現，是很多人所追求且嚮往的。

書名為何取為《自找的。夢想》？當初為了要在 FB 成立粉絲團取名稱時，我們 5 人都提出了很多的建議。最後，大家從眾多的名稱中，挑中了「自找的。夢想」，因為這個名字具有雙重意義。第一、表面意思是我們為了夢想，所付出的辛苦及犧牲，包含可能的性命危險，都是我們自找的嘛！第二、希望大家都能自己找尋屬於自己的夢想、並努力實踐它。所以，很快地在沒有任何異議之下，就一致通過。如此有深度、有智慧的書名，可想而知，是誰所想的啊⋯⋯哈！哈！

和鐵人幫的夥伴們在創業的過程中，長期在亞洲其他先進國家（例：香港、新加坡……）看到當地政府施政方向，非常專注在讓國家未來的年輕人更具有競爭力，同時也感受到當地年輕朋友那股渴望更好的決心和狼性。反觀台灣多數年輕人安於追求「小確幸」，耽溺於狹隘的舒適圈，如此一消一長，下一代要如何在世界的舞台上和國際一較高下？我們本來就持續為了台灣的下一代做社會回饋，例如：老哥透過《路跑好野人》的出版，將所有的版稅收入捐贈給「綠光種子教室」，挹注弱勢家庭的小孩做免費課後輔導，我和太太也透過新北市社會局的牽線，認養了 25 個新北市弱勢家庭的小孩，因為孩子是國家未來的希望和棟樑，如果可以讓孩子都有良好的成長環境，國家未來的許多社會問題都可以避免。

也因此，鐵人幫決定將《自找的。夢想》一書所有的版稅收入，全數捐贈給兒福聯盟等相關社福單位，讓更多的孩子感受到社會有一股溫暖的力量，支持處於弱勢的孩子們強化競爭力，有機會翻轉他們的人生，進而把這樣的理念往下延續，未來會有更多的力量一起共同來守護台灣。

最後，我們希望讀者能以輕鬆的心情來閱讀此書，隨興地閱讀。希望能透過此書，帶著大家在閱讀時，短暫的抽離現實，忘卻工作與生活的瑣事，穿越時間與空間的界線，想像自己圓夢的可能性！

夥伴們，我們一起加油吧！讓我們鐵人幫的能量與精神，能陪伴你，找到創業的動力，尋找你最渴望的夢想，並勇敢努力的實現它！

感謝的話

本書能夠順利完成，從行程的規劃、籌備開始，到正式上路出發，以至於回來之後的資料整理和出版，這一路上我們得到了很多人的支援和協助，特別在此一一致謝：

陳琴鈺（感謝妳為鐵人幫設計了如此簡潔有力，讓人印象深刻的Logo）

李嵩嵐（感謝你以自身經驗，為我們做了整趟行程規劃和很多專業的諮詢建議）

黃林暉、黃銘湘、張莉麗（阿飛和他的父母，感謝為我們安排了這麼好的後勤補給）

蕭熙懷、陳育莉（感謝你們擔任粉絲團小編，讓大家能收到鐵人幫的第一手資訊）

陳昱亨（感謝在鐵人幫盤纏用罄的時候，先行匯錢支援我們）

于哥、陳哥（感謝你們在嘉峪關的熱情招待和安排）

嘉峪關的車行老闆（感謝你們幫忙修好了老哥的前叉，還有贈送阿樺牛角）

王新芳（Tina，感謝妳的大力協助，透過妳的專業讓我們這本書得以順利完成出版）

姑姑、麗鳳姊、麟翔、鏡允（感謝大陣仗的帶著夥伴和歡迎布條夥伴到機場接、送機）

我們的父母、太太、小孩、夥伴（感謝你們的全力支持，讓我們可以沒有後顧之憂地完成挑戰）

最後，更謝謝時報出版協助我們達成出書夢想。

CONTENTS

IRONMAN 鐵人幫

推薦序

自序

數字看鐵人騎絲路

1 個共同的夢想，希望藉由絲路騎乘，更加確定創業的決心！

5 個來自各個領域，卻對自我挑戰有著一致信念的大男孩兒們！

6 個月的計畫準備，排除萬難踏上征途！

16 天的騎乘，看到彷彿另外一個世界不同的風景，重新思考人生議題，也讓身心靈脫胎換骨，充滿能量。

12 歲，年紀最小的成員，在父親的激勵下，一同參與這趟長征之旅。

37.8 歲，團員的平均年紀，讓他們能有說走就走的勇氣，完全奠基於早就備有一套完整的被動收入系統。

50 歲，年紀最大的成員，人老心不老，保有赤子之心，是讓他事業屢創高峰的不二法門。

-3 度，冰天雪地，讓每位團員都成了急凍人，縱使雞皮疙瘩掉滿地，還是得咬緊牙根闖下去。

54 度，烈日灼身，輪胎都要融化了，地面上可以直接煮蛋，團員身上的汗直接用飆的。

200 公斤，各類補給品以及單車重量！

1600 公里，夢想跟路一樣，無限延長！

3857 位粉絲的熱情支持（註），給予鐵人們不斷前行的濃厚力量！

40 公釐，絲路平均年降雨量。

2500 公釐，絲路平均年蒸發量。

※註：鐵人幫粉絲專頁，請至 FB 搜尋「自找的夢想」

f 自找的夢想-鐵人幫　　　　　　　　　🔍

Chapter 1

起心動念
追逐夢想

馬雲曾經說過：「當我們年紀大的時候，應該講的是故事，而不是到了 90 歲還在談夢想。」

2014 年底的某個冬夜，街上的冷風呼呼的吹著，路上的行人都縮在外套中，試著把衣領拉高，期望這樣可以多少帶來一點溫暖。這樣的夜晚，最適合三五好友聚在一起吃熱炒，就著熱呼呼的菜餚，配點小酒，大聲的聊天，抹去跨年前夕寒流帶來的那股寒意。

熱炒店裡人聲鼎沸，其中的一桌坐著五個男生……，嗯，其實從他們的外表看起來，或許應該叫男人會比較正確。但是這幾個打打鬧鬧的，笑聲大到連隔壁桌的客人都皺起眉頭，互相開著只有哥兒們才懂的玩笑，這些幼稚的模樣活像是群長不大的男孩，他們邊吃邊聊的時候，其中有人開口了：

「喂，說好的絲路挑戰呢？大家快點安排個時間出發，不要只是說說而已，別再拖延下去了……」

為什麼是絲路？

三年前，組團挑戰絲路之旅的想法，就已經在鵬升、老哥、阿樺、黑皮、致倫這五位平均年齡 37.8 歲的大男孩兒們組成的「鐵人幫」的閒聊談話中，經常被提起；原本只是無意間的提議，但隨著時間遞延，大傢伙愈發覺得應該要把這個老是被掛在嘴邊的目標，認真的當成一

回事。

　　雖然忙碌、沒時間，總是最好的擋箭牌，可以做爲忽略某些原定計畫的藉口，不過鐵人幫的每位成員，事業做得真的很大，不僅業務範圍遍及全台灣，甚至延伸到香港、新加坡，接下來亞洲還有幾個重要國家，更是已經被他們納入攻城略地的目標；爲了擴展生意版圖、爲了發展事業、爲了照顧家人、爲了這個爲了那個……，忙碌的五個人始終把絲路掛在嘴上，雖然對那一片廣袤遠闊的異國風情有著無限想像，但真的只是局限於想像而已。

　　也許有人覺得奇怪，爲什麼是絲路？

　　綜觀人類歷史上，有二條和商業息息相關的偉大道路，一是縱橫萬里、上下千年的古老絲路；二是整合全世界資訊、無所不包的現代網路。鐵人幫的五個人在現代網路上創業，都已經有了不錯的成績，所以理所當然應要在古老絲路上完成夢想。馬雲曾經說過：「當我們年紀大的時候，應該講的是故事，而不是到了 90 歲還在談夢想」，故事之所以精彩，就因爲它來自於夢想的實現。我們把大部分的時間，都花在創業和相關的事物上，總是懷抱著爲夢想打拚的遠大目標，但隨著時間的流逝，日復一日，大家在這種狀態不斷的前進，卻沒有段落，這樣下去，我們的夢想怎麼會有變成故事的一天呢？如果能沿著這條古老的絲綢之路，在狂風與極度乾燥的戈壁沙漠中，一步一步往前踩踏，一邊想像著數千年來的先人們，他們是如何懷著各種夢想，咬牙奮力的前進著，一邊與自己對話，用這個瘋狂的方式遙敬他們，那會是何等熱血的美好。在那裡什麼都能蒸發……除了自己的意志，

這是實現夢想，寫下故事的最好方式。

　　但是計畫就被延宕著，等待鐵人幫的五個人去轉為行動。直到這個冬夜的熱炒店裡，大家聊著聊著，鵬升與阿樺又再提起這個大傢伙曾經歃血為盟，誇下海口，一定要共同完成的挑戰，那個即使到老，想起來都會笑的目標。幾杯黃湯下肚，酒酣耳熱之際，情緒高漲了起來，五位不服輸的大男孩兒，你一言我一句地開起了玩笑：

　　「講了那麼久？騎到哪裡去了啊？再過幾年，我們還騎得動嗎？到時候騎不動的人，難不成要把他的相片，掛在車子前面讓我們帶著騎嗎？」

　　「你看吧，我就知道你只是說說而已」

　　「哎唷，不要過了 40 歲只剩一張嘴！」

　　「我敢騎，你敢嗎？」

　　「誰說我不行的，我在跑鐵人的時候，你們還不知道在哪裡咧！」

　　「我看你不行的啦，騎到一半搞不好骨頭都散了，還要我們幫你送醫院，你還是不要去好了！」

　　「走啊，誰怕誰！」

　　………

感覺對了，就去做吧！

　　台灣有句俗諺說得好：「互相漏氣求進步」，這群相識已久，在創業道路上相互提攜，早就建立革命情感的鐵人幫，根本不在乎彼此

故意挑釁的玩笑話，反而把這一切當成互相激勵的 Man's Talk ！

「好，就這樣說定了，大家現在馬上把行事曆拿出來，選一個互相都可以配合的時間，說走就走，不要再找藉口！」於是這五位具備堅毅性格、活力充沛的男子漢，當下就決定，不管準備到什麼程度，不管遇到什麼阻攔，半年之後，也就是 2015 年的 5 月分，就是踏上征途的時候！

其實當時除了絲路之外，鐵人幫原本還有另一個目的地選項，就是日本北海道，因為北海道是一個非常適合騎乘自行車的地方，如果可以在騎車橫越北海道的同時，還把家人一起帶去那裡去度假享受，這樣的計畫感覺上也一定會是豐富有趣的旅程。所以五個人雖然當下訂出了出發時間，到底該往哪個目的地前進，又讓他們陷入了為難！

看大家這麼難以抉擇，黑皮就在當下決定，直接在熱炒店裡進行民意調查，他從隔壁桌開始，一桌一桌的問了許多組客人「請問一下，如果我們要去騎車挑戰，絲路和北海道二個地方，你覺得哪個目的地聽起來比較厲害？」得到的答案幾乎都是：

「還要問嗎？當然是絲路比較屌！」

「我覺得是絲路，這個名字聽起來好像就比較困難！」

「絲路？你說的是中國的那個絲路嗎？應該很好玩吧！」

「我去過北海道，那邊的花海還有溫泉很好玩，你們要去的話……巴拉巴拉巴拉……（很熱情的講了五分鐘），哎呀，我看你們還是去騎絲路好了！」

「只要你們真的能騎完絲路，我請你們吃飯！」

調查結果：絲路，獲得壓倒性的支持！

一旦目標設定清楚，鐵人幫隨即迅速地開始分工合作，蒐集情報，著手準備旅程當中需要的各種器材，研擬後勤補給策略；然而對於這塊從未踏及的陌生領域，不管事先功課做得再怎麼足夠，仍有許多無法控制的外力因素，例如天氣、治安、自然環境、甚至團員之間的不同意見，往往都有可能耽誤這趟旅程，甚至危害個人安全……。不過，既然把目標當成一回事，現在唯一要做的，就是摒除雜念，不要再受限於來自各方的干擾，影響起心動念；感覺對了就去做吧，就算沿途上遇到的艱難險阻，也要克服，行程結束後，過程接觸到的風景山水，都會串聯成生命能源。

追尋夢想中的空島

說不會擔心害怕，那是不可能，卻也沒有必要總是裝作驍勇善戰大無畏，只不過擔心和害怕，不會讓這段旅程完成，這些憂慮存在心中是提醒自己要用智慧解決挑戰，用更謙卑的心態，走更長遠的路。想到西遊記唐僧取經一路上的精彩，真的有妖豔的白骨精嗎？火焰山的火滅了嗎？鐵扇公主的芭蕉扇與牛魔王的強悍，我們闖得過去嗎？在一望無際的戈壁沙漠裡，會遇到克洛克達爾嗎？如果真的遇到了他，我們很想問問他，在這麼熱的天氣穿著大外套，單純就為了要帥，值得嗎？縱使有這麼多的困難險阻、危險未知，但是伴隨而來的，將會是許多我們一輩子從來都沒有見過的精彩，於是五個人就決定一起，

無論如何都要完成這趟旅行，說什麼也要創造我們的熱血故事，尋找我們心中的答案和夢想中的空島。如果一輩子只有這麼一點時間，那我們可不想活在家裡與公司辦公室的格子裡，廣闊的世界神秘的國度，才能讓這群創業家的靈魂振奮，才是滋養鐵人幫的營養。

從決定出發的那一天開始，到一行人正式飛到甘肅，以河西走廊最西一處隘口，又稱「天下第一雄關」的嘉峪關為起點，一共花了6個月的時間準備；再經過半個月的時間騎行，到烏魯木齊為終點，全程總共騎了將近1600公里，順利實踐了人人欽羨的終極挑戰！

近幾年來，「追逐夢想」成了一種流行，各種報章媒體、還有各個領域的成功人士都在鼓勵大家追逐夢想，每個人的夢想內容各有不同，有的希望身體健康，有的希望家庭和睦，有的希望事業順利，有的希望感情加溫，心之所繫因人而異，實踐夢想的方法手段亦大相逕庭。在單車電影《練習曲》喊出：「有些事現在不做，一輩子都不會做了」的推波助瀾下，「長途騎乘」也成了許多人夢想清單的必做事項之一。

然而，長途騎乘其實只是夢想的載體卻非終點，藉由騎乘單車時，腦海的長時間的孤寂，個體能夠排除日常生活的雜訊，然後深深切切地自我對話，對來日的各項計畫和目標，進行縝密、詳細地檢視審思，最終留下真正重要並且有意義的項目，同時更清楚明白的認識自己。

在這段旅程當中，鐵人幫們也發現了一件有趣的事，挑戰絲路的整個計畫，從準備工作到完成目標，當中有許多事件的發生，跟我們的創業過程有著極為相似之處。首先，創業要成功，絕對不是單打獨

鬥，需要團隊的群策群力，才能把事業經營的長長久久。一旦決定要幹，就得義無反顧地全心投入，再多虛無縹緲的紙上談兵，沙盤推演，終究比不上眞眞切切的踏上旅程，不管半路殺出來的妖魔鬼怪有多少，根本無所畏懼，成功克服之後，這些過程都將成爲未來回憶中的美好故事，實際出發後的收穫，更不是出發前能夠預料得到的！

態度上，架起護城河

絕大多數的人離開學校進入社會，選擇走的都是一樣的路，上班、就業，在不同的公司或工作上努力，這條路上很安全、穩定，只有少數的人會選擇創業，因爲創業的道路，充滿荊棘、泥濘、碎石，一個不留神就弄得滿身是傷，但是只有透過創業，才有機會得到眞正的自由，看到不一樣的美好風景。既然鐵人幫的大家決定走向一條人煙罕至的道路，就沒什麼好抱怨的，這時候，藉由「鐵人三項」鍛鍊意志力，就成了堅持下去的重要修行。

早在絲路之旅之前，這群自稱「鐵人幫」的大男孩們，就因爲挑戰鐵人三項而聚集在一起，雖然我們創業團隊的成員人數眾多，創業團體向心力非常強，但是眞正加入鐵人幫的，只有我們五人；想成爲鐵人幫的成員，有幾個條件，首先當然是工作上的成就表現，達到這個標準的人不少，但是第二個門檻「挑戰鐵人三項」，就會讓很多人就裏足不前了。

鐵人三項運動（Triathlon）是體育運動項目之一，屬於新興綜合

性運動競賽項目。比賽由天然水域游泳、公路自行車、公路長跑三項目按順序組成，運動員需要一鼓作氣賽完全程。2000 年成為奧運會項目，2006 年成為亞運會項目，人們把這項連續一次性完成游泳、自行車和跑步，挑戰運動員體能和速度、意志和毅力的綜合性體育運動項目稱為「鐵人三項」。

「怎麼可能！我會被操死吧！」

「有必要這麼累嗎？平常工作就已經忙爆了！」

「祝福你們，我會在終點為各位加油！」

「嗯，喔，這樣啊，我再想想……」

大多數人對於鐵人三項的邀約，總是如此推託！但也正是因為這五個大男孩努力堅持做了很多人不願意做、很多人不敢做的事，在累積了許多場鐵人三項、全馬、甚至是 24 小時耐力賽接力、36 小時馬拉松接力賽等比賽完賽的經驗，他們的意志力已經提升到足以面對絲路騎乘這樣的挑戰，在整趟絲路的挑戰過程中，不管白天的騎乘消耗了多少的體力、多麼的疲勞，鐵人幫更是每天晚上都召開小組會議，從態度上架起護城河，不能讓自己以及關心他們的人失望。這趟路程，眼中看到的是沿途陌生的風景，但內心充滿的，卻是克服困難險阻的雄心壯志！

獻給所有在創業道路上，不斷衝撞體制，卻依然戰鬥下去的勇士們！

獻給所有在工作領域上，不斷忍受壓力，卻依然含淚隱忍的朋友們！

絲綢之路 串引古今中外創業潮

　　「絲綢之路」是以絲綢貿易發軔而形成的連通東西方的經濟貿易、文化交流通道；「絲綢之路」通常是指歐亞北部的商路，與南方的茶馬古道形成對比，西漢時，張騫以長安為起點，和東漢時班超出使西域開闢的以洛陽為起點，經中原地區、關中平原、河西走廊、塔里木盆地，到錫爾河與烏滸河之間的中亞河中地區、大伊朗，並聯結地中海各國的陸上通道。

　　這條道路也被稱為「陸路絲綢之路」，以區別日後另外兩條冠以「絲綢之路」名稱的交通路線。因為由這條路西運的貨物中以絲綢製品的影響最大，故得此名。其基本走向定於兩漢時期，包括南道、中道、北道三條路線。

　　人類歷史上最繁榮茂盛的創業潮，就從絲路開始，當時，東西兩個不同世界的商人以及探險家，為了進行國際貿易或者政治、文化交流，踏上這條極具危險的道路，除了得面臨沙漠、荒地、高山、峻嶺等等地理環境的嚴苛考驗之外，還有強盜、匪徒的騷擾，戰爭掠奪不斷。

　　哪怕情勢如此艱鉅，但仍無法阻礙商人勇往直前的決心。

　　遙想當年，想想現在，鐵人幫認為，在網際網路發達，商業模式多元，消費意識成熟的現代社會，做生意、當商人，門檻早就降低很多，只要找到確實可以操作的策略，發展緊密結合的組織，沒有理由不能成事！

　　「如果古人都能成功，我們沒有理由不能！」鐵人幫一致堅定地相信！

Chapter 2

從創業出發的
鐵人們

Profile

黃 鵬升

暱稱：Johnny
年齡：38 歲
學歷：大學畢業
家庭：已婚，
育有二子一女
工作經歷：
保險業 9 年

生涯重要紀事：
1999 年：進入保險業
2000 年：投資開設網咖創業
2007 年：開始經營網路連鎖百貨零售生意
2009 年：先後接受《今周刊》、《理財周刊》、《TVBS》等雜誌媒體的個人專訪，介紹他的創業故事和成功過程。
2014 年：認養了 25 個弱勢家庭的小孩，完全贊助他們生活及學校的開銷，希望可以幫助他們得到好的學習和發展的機會。

個人簡介

2009 年 7 月分出版的第 654 期《今周刊》曾經專文採訪過黃鵬升（當時名字為「黃彥翔」），內文提到：「年僅 31 歲的黃彥翔，大學時期曾經投資失利而負債 300 萬元，為了還債在學生時代就當起業務，短短 2 年間不但快速還清債務，更在 30 歲前，成就了房子、車子、銀子、妻子、孩子等 5 件人生大事……。」

當大學同班同學在金融業，過著乍看光鮮亮麗的生活之際，鵬升義無反顧地走上最為辛苦的基層業務，「他們一度看我像看到鬼一樣，深怕我向他們推銷保單」，鵬升語氣平和地說著；畢竟，他早就以實力取得了財富自由，當初嘲諷他的同學，反而都羨慕向他打探致富之道！

靠著獨到的眼界和超凡的格局，鵬升已經達到許多人終其一生努力追求的成就，和家人享受著天倫之樂和財富上的自由，過著「全人」的生活。他常說：「人的一生，是為了實現夢想而來」。

他專業有深度的形象相當鮮明，為人沉穩內斂，由於也曾從事保險業，所以在業務能力上，相當傑出優秀，在「鐵人幫」當中，他的意見與決策常常成為大家遵循的依歸。

他屢次在國內外的大型演講場合上，毫不藏私分享創業心法，與會聽眾無不充分感受到他的努力和獨特不凡的領袖魅力，時至今日，他的影響力更是佈及在亞洲許多地方，幫助許多人得到更好的生活。

創業啟發：追求平衡發展的全人生活

　　什麼是全人生活？簡單地說，就是全方面均衡發展的人生，包括「身體健康」、「家庭美滿」、「事業有成」、「休閒興趣」、「堅定信仰」都要兼顧，缺一不可。在打拚事業的同時，一併讓自己在家人（情感融洽）、信仰（中心思想）、財務（經濟獨立）、時間（自由人生）、公益（社會回饋）等不同的面向都能有所成，不會因為眼中只有賺錢，而犧牲其他部分的發展。

　　在馬斯洛的需求理論當中，最基本的是生理需求，絕大部分的人們每天忙碌認真工作、追求生活上的溫飽和經濟上的不虞匱乏，都只是為了滿足最基本的生理需求，只有在食、衣、住、行的生理需求被解決之後，我們才有可以為了更高層次的需求而努力。

　　如果錢不是問題，你追求的生活境界會是什麼？如果一味追求金錢上的累積和物質上的滿足，有一天可能真的會變成「窮得只剩下錢」。沒有了健康的身體，縱使手中握有萬千財富，那就只是一串沒有意義的數字而已；沒有美滿的家庭，就算事業多麼成功，還是沒有一個真正屬於自己的避風港；沒有堅定的信仰，我們終究會面臨此生從哪裡來、身後要往哪裡去的無解難題；沒有休閒興趣，就像是一個空泛的軀殼，過著庸庸碌碌的生活。鵬升在創業成功之後，還經由新北市社會局牽線，在他居住的地區認養了 25 個清寒家庭的學童，負擔他們的學習開銷，這樣的回饋著實難得。我們都希望有一天，可以達到馬斯洛所說的自我實現，要能真正達到這個境界，並不容易，畢竟有很多人連基本的生理需求都無法解決，這也難怪鵬升現在的境界，是多麼難以望其項背、如此令人稱羨了。

Profile

—

吳 輝榮

暱稱：Daniel、老哥
年齡：50 歲
學歷：大學畢業
家庭：已婚，
　　　育有一子
工作經歷：
保險業 20 年

生涯重要紀事
1988 年：政治大學經濟系畢業。
1990 年：進入保險業，曾先後在兩
家保險公司擔任地區經理及業務部
主管，負責全台灣業務發展規劃及
訓練。
1999 年：投資開設撞球休閒會館。
2009 年：經營網路連鎖百貨零售生
意，現已發展至香港、新加坡。

個人簡介

　　鐵人幫的成員們都叫他老哥，雖然年紀較長，但他的熱情和活力絲毫都不輸給其他較為年輕的成員，在很多事情上面勇往直前的拚勁、幹勁，甚至常常讓後生晚輩瞠目結舌！

　　從事保險業多年，創下許多傲人成果，不論是增員、訓練、行銷、管理的各個環節上，他都特別有心得研究，號稱是鐵人幫的長老。在事業方面努力打拚，但老哥不忘把「家庭」列為首要的核心價值，「老婆和孩子是我的最愛，我做的所有努力，都是為了成就他們。」創業所為何事？老哥主張，除了帶給他人幸福，賺取合理報酬之外，不能因為打拚事業而犧牲健康、家庭！否則一切的努力只是不切實際的空中樓閣。

　　2013 年初，他花了 21 天的時間，用雙腳完成了跑步環台的夢想，難能可貴的是，這件不可思議的壯舉，除了他自己跑完，他的愛妻和愛子也陪著他一同全程參與，讓許多人驚訝不已。後來，他將過程紀錄發行出版，書名為《路跑好野人》。2015 年，除了騎車橫越絲路的目標，他也在新竹舉辦公益路跑，透過募款幫助更多的弱勢家庭的孩子，在成長求學的過程中可以得到更多的協助。

創業啟發：創業家肩頭扛著社會責任！

「取之於社會，用之於社會」，一個創業家企業主之所以能夠成功，很大一部分，都要感謝社會上各種有形和無形的資源所給予的協助以及支持，所以有愈來愈多的創業家，在取得成功之後，第一件事情就是回饋社會，利用各種活動，幫助需要幫助的人，這就是所謂的企業社會責任。

這段時間，某個企業的廣告打著「幸福是什麼？給人幸福就是幸福」的主題，在老哥的心目中，透過創業成功所建構的收入已經遠遠超過他自己及家庭所需要的開銷，所以他在內心充滿感恩之餘，也知道在社會上的許多角落，有更多更需要幫助的人，亟需更多人伸出援手給予協助。他希望可以利用自己的影響力和能力，在自己和家人都享受豐盛美滿的時候，也把這樣的幸福傳遞給更多的人。

因為地緣關係，透過教會姊妹的介紹，他輾轉得知「綠光種子教室」這個專門針對隔代教養、單親、失親、原住民、外籍配偶及中低收入戶（清寒）及急難家庭等特定家庭的國小孩童，提供免費安親課輔服務的單位，可以讓他貢獻一份心力，所以他開始積極的奔走，先是在去年將自己《路跑好野人》的出版所得全數捐出，今年還努力促成在新竹舉辦的公益路跑，他更是四處募款，希望可以讓這個單位不用為了運作的資金傷腦筋，讓更多弱勢家庭的小朋友得到好的照顧和教育，幫助他們在未來有更好的機會翻轉人生。

當創業家得到他們期待中的成功，能夠無私的把溫暖與關懷，照耀到社會上每一個角落，這將讓更多有心想要改變、願意為了理想努力的人起而效尤，這是創業家肩上所擔負的重要社會責任，也是老哥責無旁貸的志業。

Profile

黃 世樺

暱稱：阿樺
年齡：38 歲
學歷：國中肄業
工作經歷：
建築搬運工人、
腳底經絡按摩師傅

生涯重要紀事
2000 年：投資開設推拿會館
2003 年：投資開設第二家經絡按摩會館
2006 年：在廣州投資開設酒吧
2007 年：開始經營網路百貨零售事業

個人簡介

阿樺是鐵人幫中「身高」最高,但是「學歷」卻最低的成員,按照社會上的刻板印象,國中肄業的人大多數只能從事粗重工作,以勞力換取收入,但天生具有狼性的他,在街頭打混久了,深深領悟到:「我沒有太多的選擇,退此一步即無死所,只能靠打拚改善命運」,心意已決,奮發向前,完全掙脫了既定束縛,年紀輕輕就踏上創業之路。

雖然阿樺的背景及學歷和大部分的人相比,真的一點都不突出,但他對夢想的堅持和追求,卻總是能感動身邊的人,證明「英雄不怕出生低」。他常自比是海賊王,在偉大的航道中找尋著傳說中的空島。

「我很早就進入社會工作,自食其力,萬一自己都放棄自己,又有誰會幫助自己?」

「我會追求夢想,但我更為實際,要先填飽肚皮,把應盡的責任完成之後,再來談論夢想,才是正確的順序!」

「實現夢想要在完成責任之後」他斬釘截鐵地下了這個定論!

「希望讓更多人能和我一樣,為了自己的夢想努力實現,這是男子漢的浪漫,更是男子漢的使命」。

創業啟發：實現夢想要在完成責任之後！

這幾年來，「追求夢想」成了當代顯學，許多人把追求夢想列為首要目標，不過，鐵人幫卻認為：「實現夢想要在完成責任之後」，這話怎麼說呢？

簡單來講，夢想與現實不能完全獨立開來，每個人在生活中，都扮演著不同的角色，你也許是某個人的兒子、是某個人的老公、但又同時是某個人的爸爸，或者又是某些人的工作同事，這些不同的角色所要擔負的責任也都不一樣，如果只是想要追求所謂的夢想，而把這些責任全部拋在腦後，認為只要什麼都不管，只做自己喜歡做、想要做的事，那說穿了不叫實現夢想，只是為自己的不負責任的行為，和自私逃避的態度包裹上一層美麗的糖衣罷了。

有多大的擔當，才能幹多大的事業；盡多大的責任，才會有多大的成就，如何對待責任，是映照個人素質高低的一面鏡子，唯有把應盡的責任做到了，在各方面不同的角色和責任都扮演好之後，再去談夢想的實踐，這樣才能獲得堅強的後盾支持，才能有前進下去的動力！

可惜的是，很多人因為媒體的推波助瀾，沒有弄清楚這樣的先後順序，以為自己的勇敢追夢，是多麼了不起的事情，可以拿來說嘴，甚至為此沾沾自喜，但卻忽略了所有該盡的責任都沒盡到，該扮演的角色沒扮演好。每次聽到有人眉飛色舞的說著自己打算怎麼實現夢想，打算做些什麼壯舉的時候，平常喜歡開玩笑、講話沒個正經的阿樺反而會正色的提醒對方：「你有把你該盡的責任先做好嗎？如果沒有的話，那就不算實現夢想！」因為實現夢想，應該要在完成責任以後。

Profile

—

徐 大鈞

暱稱：黑皮
年齡：39 歲
學歷：大專畢業
家庭：已婚
工作經歷：
職業軍人退伍、
電子業業務主管

生涯重要紀事
1998 年：軍校畢業，進入部隊服役，
擔任基層幹部。
2004 年：從部隊退役，官拜上尉。
2005 年：進入電子業服務，因業務
需求，多次到世界各地參展出差。
2009 年：經營網路連鎖百貨零售生
意，在新加坡、香港都有發展。

個人簡介

「當兵環境再無聊不過了，除了索然無味的出操上課，還有同酬不同工的無奈，我真的不喜歡這樣的環境……」過去職業軍人的身分，受到軍校和部隊的環境限制，讓有著反骨 DNA 的他在完成服役年限後毅然決然地申請退伍，希望進入社會大展身手。

離開部隊之後，他進入了曾經有明星光環加持的電子業，負責業務開發工作，一待就是 8 年。在這期間，歷經了電子業的興盛、看到了金融海嘯帶來的影響，整體大環境的變化，讓他深深的思考未來的路。

「人生有幾個 8 年可以浪費啊？如果只貪圖眼前的小確幸，像是溫水煮青蛙一樣的安逸，等到真的有什麼狀況發生，那就完蛋啦！」

幾經深思熟慮，他於是決定：「我要挑戰極限，我要創業！我要創業！」深藏在內心的野性一旦被激發出來，猶如星星之火，瞬間點燃他激動的小宇宙，更是透過創業，讓他堅定的想要實現自己的夢想。

「我最大的夢想，就是在 2021 年要和我自組的『不務正業合唱團』一起登上小巨蛋的舞台，開一場售票演唱會。」

創業啟發：跳出舒適圈，到哪裡都活得下去

從軍人到電子業，從電子業到創業家，一路走來，完全可以用跳Tone 形容黑皮的人生，在他身上，我們看到的是勇於跳出舒適圈的絕佳典範！

很多心理勵志的書籍以及成功人士的口中，我們經常可以聽到要我們「跳出舒適圈」！什麼是「舒適圈」？簡單地說，它是指人們習慣的一些心理模式，是讓人感到熟悉、駕輕就熟時的心理狀態，如果人們的行為超出了這些模式，就會感到不安全、焦慮，甚至恐懼。這樣的概念，說明改變自己帶來的不適感是成長的必然，不能因為不舒服的感覺而迴避成長、改變自己。

不過，與其說離開自己的舒適圈，其實更精確的說法是：「擴大」舒適圈的範圍，在不斷自我挑戰、自我超越的時候，就是逐步的讓自己的舒適圈可以向外擴大，和許多時下追求小確幸的思維不同，當舒適圈在不斷擴大的同時，不論環境發生什麼樣的變化，就能夠從容應對、怡然自得了。想要擴大舒適圈，有一些改變的建議：

一、拋棄舊的生活習慣：比如今天讓自己換換吃的，換換穿的，去去自己從來沒去過的地方，品嚐自己從來沒有吃的東西，做些自己從來沒有體驗過的事。

二、試著做點冒險：有些事情現在不做，一輩子就不會做了，多去做一些想做的事，讓人生更加精彩，不要讓自己沉溺在眼前的安逸當中，人生最大的風險就是不做任何冒險。

三、有空多學習：想想還有哪些東西要學習？哪些東西自己將來肯定要用到，所以現在就去學。現在社會發展這麼快，不學習肯定會落後的，把閒暇的時間拿來充實自己，會發現你的潛力遠遠超乎自己想像。

Profile

—

黃 致倫

年齡：27 歲
學歷：大學畢業
工作經歷：
餐飲服務業 2 年

生涯重要紀事
2008 年：大學期間，開始經營網路
連鎖百貨零售事業。
2011 年：大學畢業，同年入伍服役。
2012 年：從部隊服役期滿退伍，進
入社會後，旋即正式宣告退休。

個人簡介

　　鐵人幫當中年紀最輕的成員，沒有太多的工作經驗，大學還沒畢業，就已經選擇創業，許多人對於年輕 Y 世代的刻板印象是外表光鮮，但抗壓性低、耐挫力差、沒有忠誠度和穩定性、怕吃苦、個人權益優先於群體權益……等等負面的標籤，但在他的身上，卻完全沒上述的缺點；相反的，因爲年輕人熱情和衝勁，他知道自己有很多學習成長的空間，所以他總是讓自己像一塊海綿般的努力吸收許多前輩的經驗，無論創業的過程有什麼樣的艱難和阻礙，他仍然專注在目標上，義無反顧地爲理想奮鬥，沒有一絲疑慮，沒有一絲停頓！

　　很多七年級生離開學校之後，面對的是茫然的未來，但年紀輕輕的他，卻因爲選擇的路和同儕不同，在正式脫離學生身分，進入社會的當下，就完成許多人夢寐以求的成就，2014 年不但能讓他的父母到國外旅遊，由他負責全部的費用，他的弟弟目前還在求學，但所有的學費支出全部都是致倫來支付，同時因爲他的成功，讓他的父母也可以毫無後顧之憂的正式退休。

　　2015 年，他將完成終身大事，進入人生的下一個階段。現在的他，除了爲下一個夢想在努力之外，也盡力幫助更多的人實現他們人生中的夢想，追求更好的人生境界。

創業啟發：選擇比努力重要

　　不論是學校中老師的指導、或者是家裡面長輩的提醒，傳統的教育總是告訴我們要努力讀書、要求得好成績、然後就會考上好學校、再拿著好學校的文憑去找到一個好工作、進入好公司裡、求得一個好職位，安安穩穩的做到退休，彷彿這樣的道路才是唯一正確的選擇。

　　時代在進步，在過去的社會環境下，這樣的道路的確是行得通，上一個世代藉由這樣的軌跡，就可以求得一家人的溫飽和安定，但是隨著網路世代的興起，許多產業都面臨劇烈的變化，當許多的企業和公司都因為沒有跟上這樣的變化而應聲倒地，我們又怎麼能期望將自己和家人的未來都託付給一個「好工作」？

　　不管做任何事，認真努力都是最基本的要求，但若是一開始就走錯了路，那很有可能再多的努力都是白忙一場。倘若在決定自己要走哪一條路之前，能宏觀檢視、審慎評估、仔細思考，做好了決定之後，就義無反顧，堅持努力，這樣就可以事半功倍，讓自己的努力發揮更大的效益。

　　為什麼同樣不到 30 歲的年紀，致倫就可以擁有這麼棒的生活？最主要的原因就是他當初選擇的路和別人不同。創業的道路本來就不好走，途中會經歷很多的艱難險阻，跌跌撞撞的過程可能弄得自己全身是傷，可是一旦挺過這樣的風吹雨打，辛苦耕耘之後，你將會走到不一樣的地方、看到不一樣的風景、享受不一樣的成果，這一切的差別，只是因為最初，做了一個不一樣的選擇。與其蒙著頭拼了命的到處亂衝，不如冷靜清楚的思考、做對了選擇，然後再專注的努力打拼，所以「選擇比努力重要」是創業家深深明白的一個道理，也在致倫身上得到了最好的印證。

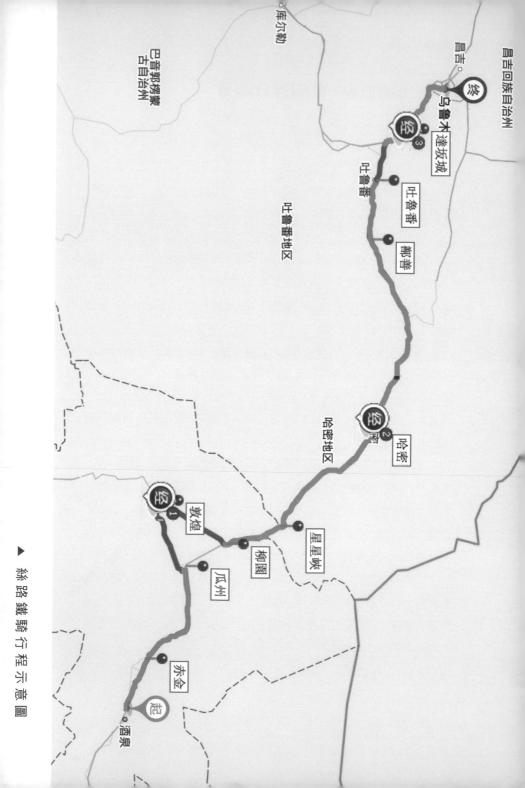

▲ 絲路鐵騎行程示意圖

Chapter 3

縱騎絲路
啟發創業心法

MAX　　MIN

每日最高溫與最低溫指示

DAY 0

出發之前
這不是做夢，我們真的要出發了！

「什麼？絲路？你們真的要去絲路？OMG！」

這幾個星期以來，我們總是在不同場合，跟許多親朋好友提起即將成行的「遠征絲路騎乘計畫」，不過，從他們的表情、眼神、語氣等等的反應，總讓我們不禁懷疑：

「絲路是不是在火星上？」

「我們去的是『絲路』，不是『天堂路』，更不是『陰屍路』啊！」

冷靜想想，其實大家會有這樣的反應真的很正常，因為對大部分的人來說，「絲路」這個名詞應該只是在歷史課本裡出現過，或者在地理課本上看過而已，偏僻的程度，跟《史瑞克》裡那個「遠的要命王國」差不多！

現在突然聽到我們要去絲路，感覺真的還滿衝突的。

回憶最當初之所以成行，完全起源於一個小小的念頭，鵬升和阿樺首先提到要去挑戰，既然都有人開口了，「輸人不

輸陣，輸陣夕看面」，其他人當然沒有第二句話，完全奉陪到底！

決定成行之後，大家發揮「東市買駿馬，西市買鞍韉，南市買轡頭，北市買長鞭」的精神，分頭展開準備工作，有的負責規劃行程、有的負責訂機票、有的負責整備車子、有的負責尋找當地的補給車輛，老哥有一個朋友輾轉聽到了我們的計畫，覺得我們的想法和規劃很了不起，甚至還主動的幫我們聯繫了他在新疆當地的朋友，請對方幫我們安排在新疆當地的接待事宜。這段路程，我們其實沒有什麼概念，但是好在江湖上闖蕩，總是會結交到不少的好朋友，這裡特別感謝捷安特蛙不停車行的嵩嵐，他是個了不起的冒險家，去年曾經單騎穿越絲路，他根據經驗，幫我們把沿途的路線做了簡單的規劃；蛙不停的大當家靖宇，也在百忙之中，硬是把時間安排出來，決定要跟我們一同成行。當這一切的準備工作慢慢到位，拼湊起來，日期愈來愈接近，我們才漸漸的意識到，這個夢，好像不是那麼遙遠，我們真的就要前進絲路了！

我們預計 5 月底出發，花半個月的時間，要從甘肅的嘉峪關開始，一路騎到新疆的烏魯木齊，總長超過 1500 公里，我們將要面對沙漠、乾燥、炎熱等等嚴苛環境的挑戰。以地形來看，這趟路程一路向西北方前進，會面對非常多的上坡，上坡，上坡，上上坡，不斷地爬升，雖然我們曾經都是體力超強無敵的小鮮肉，但不可否認地，歲月已經在我們身上多

感謝蛙不停的嵩嵐給了我們許多寶貴的諮詢和建議　即將陪伴我們征服絲路的戰駒

多少少留下了一點痕跡，儘管我們這幾年，都已經征戰了各式各樣的比賽，提升了基礎體能，而自詡是鐵人的我們，也不容易被一些小場面給嚇倒，但是，這可是絲路啊！這個強度，可不是幾場鐵人三項或是馬拉松賽事所能比擬的。

我們已經有了心理準備，辛苦的不是「一天要騎100多公里」，而是「每天都要騎100多公里」！也都很清楚，這趟行程絕對不能開玩笑，千萬不要因為自己的輕忽，拖累了整個行程，所以早就開始強化體能，跑步、游泳、上健身房、有氧、重訓，還時不時地相約團騎，讓自己的身體可以適應更高強度的挑戰，無非就是希望到時候可以順利的靠著自己

出發前，我們多次的共同討論

的雙腳去完成這段路程，不要被抬回來。這趟行程除了我們鐵人幫，老哥的寶貝兒子允揚，也已經跟學校請好了假，要跟隨爸爸和幾個叔叔一起挑戰絲路，能夠父子齊心完成這個壯舉，這是多麼的難能可貴啊！

這趟行程從準備之初，我們就在 FB 上開了粉絲團——「自找的夢想」，希望讓更多人透過這樣的方式來了解我們的起心動念，了解我們之所以想要追夢的發想過程。由於大陸那裡有一些限制，無法使用臉書及 line，所以我們也找好了替代方案，在台灣這裡麻煩二

鐵人幫粉絲團

位好朋友：熙懷和莉莉擔任我們粉絲團的小編，每天晚上我們會把當天的行程，還有拍的照片，擷取精華傳給小編，再由他們二人代替我們上傳，更新每天粉絲團的動態，讓我們的家人和許多關心我們的朋友們，都能熱騰騰地掌握到我們在絲路過程中發生的點點滴滴，所以我們也要特別感謝二位小編每天辛苦的幫忙回覆留言，管理粉絲團的大小事。

總之，我們要出發了，踏著前人的偉大足跡，征戰去吧！

創業啟發：財務自由，讓夢想成為可能

　　如果現在要你規劃一段壯遊行程，或者是去一段長途旅行，你有可能放下現在的工作，說走就走嗎？對鐵人幫的成員來說，答案是肯定的，不是因為鐵人幫的成員閒著沒事做，而是他們早就實踐了「財務自由」！

　　知名的財商教育系統叢書《富爸爸、窮爸爸》的作者羅勃特‧清崎，定義了何謂財務自由，就是當你的非工資收入大於日常生活支出的時候，即使不用工作，你也不必為金錢發愁，因為你有來自於系統創造的被動式收入來源，我們就可以稱之為退休或取得了財務自由！

　　達到財務自由的境界，很大一部分與你是否擁有「被動收入」有關，至於「被動收入」的項目基本上有：

- ●建構連鎖加盟系統所獲得的業績比例收入
- ●出租物業的租金收入
- ●股息或基金分紅
- ●銀行定期存款的利息、借錢給別人的利息和每月收入計畫
- ●圖書或音樂創作的版稅、專利費等收入
- ●前任配偶賠償的每月生活費，子女撫養費或兒童信託基金
- ●出租專業資格或學歷

　　許多人夢想能擁有被動收入。羅勃特‧清崎的定義中，獲得收入的各種方式，可以分成「雇員」、「自雇者」、「企業家」、「投資者」四種，其中只有企業家和投資者，才有機會真正擁有被動收入，得到財務自由。財務自由背後所代表的意涵，是可以有更多自由支配的時間，不再受到金錢控制，可以創造更多價值，追求自我實現。這也是鐵人幫可以沒有後顧之憂，勇闖絲路最重要的原因。

temperature

MAX	MIN
30°	24°

DAY 1

5月25日
邁向偉大的航道——台北到廣州

　　終於盼到正式出發的這一天，感覺居然有點不太真實，似乎是在做夢！機場來了許多

夥伴幫我們送行，應眾人的要求，我們像是電影明星一樣的用各種帥氣的姿勢拍照，來往

廣州機場暴雨，從水溝蓋裡不斷冒出積水　　　　　　所有的腳踏車都已經裝箱完成，上車出發

的旅客看著這麼多人幫我們送行，不知道會不會有人把我們當成新出道的偶像團體？實在是很有趣。

　　我們一行人，把笨重的行李從桃園機場終於掛上了飛機，眞夠折騰人的，想到抵達廣州之後，要先把腳踏車以及個人行李領出來，再掛廣州飛嘉峪關的國內線班機托運一次，一

行人就有點腳軟的感覺，不過念頭一閃而過，鐵人幫不畏苦、不怕難，這點小事情，不足掛齒啦！

　　飛了兩三小時，終於抵達中國廣州，迎接我們的居然是傾盆大雨，雨勢大到簡直跟噴的一樣，排水溝整個炸滿，水不停的向外溢出來，往馬路上淹。機場外面下著大雨，我們

在機場裡面也飆汗不已，因為在過海關的時候，我們被攔下來詢問：「大件行李裡面裝的是什麼？自用還是他用？」一連串的問題，感覺深怕我們是來搞破壞的，但是大家還是耐著性子，誠懇地回答所有問題！我們告訴海關：

「我們來自台灣，行李裡面裝的是自行車，我們打算去絲路騎乘，挑戰極限，騎完之後，自行車要捐給當地小朋友……」

「不行，不行，政策不允許，這樣要課稅的。」海關立馬否決。

「那沒事兒，我們就把車帶回台灣啊！」

解決了廣州飛嘉峪關國內線托運的問題，大家終於鬆了一口氣，出了機場，我們先四處閒逛，要找好明天轉機的路線，

機艙內的鐵人幫

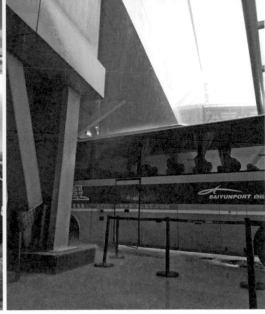

在廣州機場迎接我們的，是傾洩而下的大雨

我們簡直像電影明星一樣，用各種不同的角度拍宣傳照

帶著所有親朋好友的祝福，飛向偉大的絲路

好特別的可樂罐，我們看到都
覺得很熱血

在廣州享受出發後的第一頓晚餐

無意中在商店裡看到印有「下
輩子還做兄弟」的可口可樂，
大家覺得這真是超級好的兆頭，
致倫興奮的大喊：「你們看，
連可樂都在祝福我們啊！」

　　由於明天一早就要到機場
轉機到嘉峪關，大件的行李帶
來帶去實在有點麻煩，海龍蛙
兵出身的外圍老大靖宇自告奮
勇，要留在機場看著行李，他
很屌地說：「交給我就搞定了，
我留在機場睡覺也沒關係！」
但是鐵人幫可是一體的，怎麼
可能丟下兄弟不管？所以聯絡
了住宿的旅館，請他們派車到

機場接我們，順便把自行車通
通載到旅館，隔天一大早再來
托運就好。

　　晚上，我們一行人在旅館
對面找了家餐館吃飯，大家感
覺很平靜，一起說話哈啦，望
著陌生的街道，心中確實有些
衝擊存在，我們深深知道，打
從此刻開始，就要融入當地生
活，例如過馬路不看紅綠燈，
亂抽菸，講話很大聲……等等，
這當然是開玩笑的啦，但是我
們知道，還有更大的挑戰即將
到來！

創業啟發：評估創業需要的資金

　　創業到底需要多少資金？這個問題主要依據創業的種類、規模大小、經營地點等情況而定。以小本投資項目為例，所需的資金主要由以下幾個部分組成：

　　一、創業項目本身的費用

　　二、經營設備、工具等購置費用

　　三、房租、店面裝修費用及流動資金

　　四、營業執照及其他類似的相關費用

　　五、經營周轉所需要的資金

　　創業公司裡最重要的財務預算是它的「現金流」，在創業初期，營收沒有進來之前，公司必須準備足夠的資金來養活團隊，一直支撐到公司產生銷售收入、產生現金流為止。要是自備的資金撐不到那一天，那麼創業者就必須要估算公司狀況，在手上的準備金耗罄之前，可以找到其他的資金來源，比如說有投資人願意挹注投資，這樣才能保持創業公司細水長流、香火不斷。

　　絕大多數的創業者，即使握有獨特的技術能力，往往會因為沒有足夠的現金流，在撐不到公司開始獲利之前就宣告失敗，這也是連鎖加盟的創業模式會興起的重要原因之一。你只要付出一定的加盟金，就能學到加盟體系的 know-how，用相對較少的時間成本和機會成本，讓生意盡快地上軌道，開始獲利，這是在評估創業資金需求的時候，必須列入考量的重要因素。

temperature

MAX　　MIN

🌡　　🌡

31°　　10°

DAY 2

5月26日
北方漢子的豪情──廣州到嘉峪關

夢想挑戰的第一站，就從這裡開始

機場的廣告牌，剛好呼應了我們此刻的心情

　　昨天下午從機場過來旅館，坐的是九人座的廂型車，今天一大早下樓，旅館門口居然停著一輛大巴士，原來旅館裡除了我們之外，還有好幾組客人都是要去機場，所以他們派了大車，可以一次性地把所有人都載到機場。

　　早上 06:50 的飛機，check in 的櫃檯一直到 06:00 才開放，我們的行李又這麼多，眞的是有點擔心會趕不上。廣州機場

海關的安檢非常的嚴密，所有包包裡的東西幾乎都要打開檢查，阿樺應該是長得太像恐怖分子，後背包裡面的個人用品幾乎全被翻了出來，一項一項地查看，光是過 X 光機就掃了四、五次，所以過海關的時候耗了不少時間，好在我們攜帶的台灣最強科學麵沒有被打開來一包一包地檢查。過了海關，前往登機門的途中，看到了星巴克，大家本來想去買一杯咖

吃過午餐，大家開始組裝腳踏車

啡帶上飛機，但前面的安檢拖了太久，害我們的時間太趕，怕趕不上登機時間，只好作罷，沒想到，再看到星巴克的招牌，將會是半個月後的事了。

飛機抵達嘉峪關，我們提領完所有的行李，一出來就看到有人舉著「接：台灣 黃世樺」的牌子來接機，想必這是阿樺的朋友安排的當地聯絡人：于哥和陳哥，他們也介紹了這次絲路之旅的重要幫手，我們的補給車駕駛：小孫，還有我們

這趟旅程的親密戰友：大藍巴（這是我們給它的暱稱，那是一輛藍色的貨車，它將在這一趟旅程中負責載運我們的行李、補給品和工具，後面的貨斗經過改裝，加上了篷布，可以說是鐵人幫的移動堡壘）。

于哥和陳哥帶我們到下榻飯店，吃完午餐，就開始把我們的車子拆箱組裝，過程中，每個人多多少少都遇到了一些狀況，老哥的車子甚至前煞車整個斷裂，幸好我們還有外圍

一出機場，就看到于哥和陳哥在歡迎我們了

漂亮的鐵人三項訓練場地

老大在！陳哥也帶著老哥到附近的捷安特車行，弄到零件把前煞車修好，我們更是靠著靖宇高超的技術，把問題都一一地給解決了。弄好了車子，于哥和陳哥就熱情地招呼我們，騎著車子在嘉峪關市內繞繞看看，去參觀了嘉峪關當地的鐵人三項比賽訓練基地，那個漂亮的比賽訓練場地讓我們幾個傻 B

不禁在心裡想著：「有機會一定要到這裡來參加一場鐵人三項」。

晚上于哥作東，和陳哥一起招待我們到當地頗負盛名，號稱「甘肅十大小吃店」的眼鏡烤肉店大快朵頤，品嚐最道地的串燒羊肉！我們一起大口吃肉、大口喝酒，好不痛快。北方漢子的豪情在這個時候一覽無遺，我們

上）男子漢之間的惺惺相惜，喝！
下）嘉峪關的名產：峪泉坊，香醇好喝，真是好酒！

上）眼鏡烤肉店到底有多好吃，看致倫的表情就知道了
下）眼鏡烤肉店，讚！

就像是武俠小說中一見如故的武林英雄一樣，雖然和陳哥、于哥素昧平生，但同樣身為創業家的格局和氣度（于哥和陳哥是嘉峪關當地，自行創業的老闆，本身的會計師會事務所生意同樣經營得有聲有色），讓我們惺惺相惜，把嘉峪關當地生產的著名白酒「峪泉坊」乾掉了好幾瓶，實在很慶幸可以在來到絲路的第一天，就交到這麼好的朋友。

吃吃喝喝到了半夜，才依依不捨地回飯店休息，我們明天就要開始第一天的正式騎乘，但大家醉到連怎麼回飯店的都搞不清楚，哈哈哈……。

創業啟發：人脈就是錢脈？

　　很多人認為，人脈是很重要的資產，如果能夠把人脈轉成錢脈，可以讓創業的成功機率大大提高。當然，理想狀況下，這樣的論點是正確的，只是所謂的人脈，不見得都會成為你生意的助力，因為朋友還是有分成很多不同的種類，有的朋友會對你所做的一切努力情義相挺，但是有的朋友可以同甘、不能共苦，真正需要他幫忙的時候，視若無睹也就算了，更有甚者，還有可能扯你後腿，一個不小心就破壞了你辛辛苦苦努力的成果。

　　《商業周刊》曾經做過一期的封面主題，談的是「認識誰，比你是誰更重要！」其實這樣的論點伴隨不少質疑的聲音。「你是誰」當然很重要，因為這代表的是你會和誰在一起，單純的只看「認識誰」是很虛幻的，這並不代表你認識的人就會是你的人脈資源。在許多社交或會議的場合，人們會禮貌性地交換名片，或者透過朋友的引見，有機會和某人有過一面之緣，但是這樣的關係非常薄弱，根本微不足道。

　　創業的過程中，通常需要有好的人脈的支持。如果有人可以拉你一把，將他所擁有的各種資源無私地與你共享，那會讓你省力不少。人脈是靠經營來的，平時廣結善緣，認真地投資自己、提升自己，那麼更多更好的人脈將會因為「你是誰」而慢慢的被你吸引建立起來，此時所謂的人脈，才能真正的轉為錢脈，提高創業成功的可能性。

temperature

MAX 28° MIN 18°

DAY 3

5月27日
貪玩的鐵人幫──嘉峪關到赤金

騎乘路線：G312 國道、G30 高速公路

今日距離：106 公里

　　這裡的太陽很早就出來了，于哥和陳哥一大早就在旅館大廳等著我們，大家梳洗完下樓，發現小孫和他們已經把我們接下來要用到的補給品、食物、飲水等物資，全部準備好，搬上大藍巴。大家心裡想著早餐該吃三明治配奶茶，或是蘿蔔糕加蛋？沒想到，他們居然帶

我們去品嚐道地的「蘭州拉麵」當早餐，真是難得的經驗啊！大夥伙坐了二桌，吃得唏哩呼嚕的，靖宇直誇麵軟而不爛，很有特色；允揚拼命喊辣，但卻一口麵、一口茶地把整碗麵幹得精光；老哥本來就喜歡吃麵，來到甘肅這個正宗道地的蘭州拉麵故鄉，獨特辣醬加上

風味絕佳的牛肉片（對，這裡不是牛腩或牛肉塊），讓他忍不住邊吃邊猛誇：「太有FU了！太有FU了！」；另一桌的鵬升和黑皮，因爲前一晚肚子裡的酒精還沒消化，沒什麼胃口，只剩阿樺和致倫在奮戰，努力的嘗試著要擊殺眼前的蘭州拉麵和一桌的小菜。

一個美麗錯誤的開始

吃完充滿風味的蘭州拉麵早餐，本來就想直接上路出發了，但于哥建議我們，好不容易來一趟，不妨可以先去嘉峪關附近的幾個特色景點去看看，例如嘉峪關城樓、懸壁長城及天下第一墩之後再出發。告別前，于哥和陳哥又買了一包烙餅，讓我們可以在路上帶著吃，還再三提醒小孫，這一路上要盡可能配合我們的需要，這種熱情讓大家心頭都暖暖的，眞的是豪邁的北方漢子！我們聽從了于哥的建議，決定先去附近的景點繞一繞再出發，只是完全沒料到這卻是個美麗錯誤

午餐最受歡迎的一道菜：糖拌西紅柿

蘭州拉麵配的不是牛腩或牛肉塊，而是好吃爽口的牛肉片

道地的蘭州拉麵，濃郁的湯頭、Q彈的麵條、獨特的辣醬，太好吃了

每個人一碗麵，還有滿桌的

吃過拉麵早餐，告別于哥和陳哥，我們要出發了

上）看到遠方山上的長城，大家都興奮的
　　不得了
下）看到一隻羊，大家都還覺得很新奇，
　　好瘦

的開始……。

　　嘉峪關城樓，自古以來就是河西第一隘口，名聞遐邇，威震古今，號稱「天下雄關」，和相隔萬里之外的山海關遙相呼應，當然是鐵人幫拜訪的第一首選，話不多說，立刻出發！黑皮一馬當先，把其他人甩在後面，帥氣得帶頭直行，沒想到騎不到 2 公里，就在大家幾乎看不到他的車尾燈之際，忽然聽到很大的「嘶嘶……」聲，黑皮高喊：「爆胎啦！」，剛才意氣風發的英姿瞬間像洩了氣的皮球，讓大家笑破了肚皮，沒想到這趟絲路之行的第一爆，在出發不到 20 分鐘就出現了。靖宇簡單的檢查外胎之後重新幫車胎打氣，神來一手，馬上排除障礙，但是再騎不到 1 公

玄奘法師的雕像

去絲路取經，童子拜觀音

干陽號的可樂衝擊波

里，黑皮的前胎又漏氣了，這回他再也要帥不起來！爲了不耽誤太多行程，靖宇要求黑皮先上大藍巴，別再丟臉了，準備到嘉峪關城樓之後，他利用我們去嘉峪關城樓時來仔細檢查車子到底哪裡出了問題。

我們在嘉峪關城樓外，發現另一個景點「懸壁長城」其實不遠，再往前8公里就到了，在等待靖宇換胎的空檔，允揚很快接口說：「那不然我們先去懸壁長城，距離這裡才8公里，回程經過嘉峪關城樓再去參觀」，這個提議得到大家一致同意，往懸壁長城的路上，風景相當不錯，路旁兩側樹蔭遮日，相當蔭涼，還沒騎到懸壁長城，鵬升就指著遠方山巒說：「長城就在山上」，一根猶如細絲的黃線就靜靜延伸到山頂，連綿不絕，似假還真，江湖上流傳著「不到長城非好漢」詞句，現在見到長城，鐵人幫就是道道地地的好漢了。大家興奮的大叫，全力向前衝刺，迎面是一座在乾涸水道上的仿古水門構築，有點後來修

繕的人工味，但左右兩道長城
沿著山脊伸展到天空的情景，
雖不如北京萬里長城的宏偉，
卻饒富西涼滄桑遒勁之勢道，
十分令人震撼！

　　園中有七座雕像，都是曾
經在勇闖絲路，創造歷史的幾
位大人物，如張騫、霍去病、
班超、玄奘法師、馬可波羅、

林則徐、左宗棠，個個栩栩如
生。鐵人幫沿著城牆一路攻上
山頂，遠眺塞內外風光。在這
古今交錯的空間中，怎麼能不
留下美好的身影呢？鐵人幫開
始紛紛地擺出各種帥氣、英勇、
雄壯、搞怪的姿勢，靖宇的相
機快門也按個不停，老哥看著
大家玩心大興，不禁皺起眉頭，

心裡嘀咕著再這麼玩下去，一定會 delay，那怎麼能騎得完今天的路程？他試圖提醒大家該走了，別再玩了，但是眼見其他幾個傢伙愈玩愈瘋，根本不受控制，拗不過這群貪玩的鐵人幫，只得服從團隊紀律，跟著一起撩落去。

城牆隔開兩個世界

這懸壁長城雖不長，陡峭難行卻不輸北京任何一座長城，短短幾百公尺，不過數百階梯，卻走得大家上氣不接下氣，可能是海拔較高，含氧量較少，也可能這段路特別難走。特別的是城牆隔開的二邊，感覺完全是二個世界，右邊看來草木蒼鬱、一片欣欣向榮；但是左側塞外怪山連疊，碎石密布，寸草不生，連螻蟻都難以爬行。

而至於它為何稱為懸壁長城？就是因為這裡是長城最西端，整段連結到這的綿延不絕的怪山，一眼望去宛如懸掛在山壁上的一條長蛇，故以之為名！結合地形地貌加上長城阻擋，在千百年間保護著塞內人民安全，思古窺今，讓人不禁肅然起敬。只是沒想到這群失

控的鐵人幫玩著玩著，不經意
的，時間就耗了二個多小時！

　　離開懸壁長城時已經中午
1點多，光是一個景點就用掉我
們一個早上的時間，後面還要
再到嘉峪關城樓看看呢！不過
此時大家肚子都餓了，沿路就

在小村裏隨便找一家清真餐館
用餐，我們的腳踏車就這麼一
整排地停在小館子門口。當時
正值附近小學的下課時間，當
地人很少見到這樣的觀光客，
一群小學生好奇地圍攏過來，
鵬升自己家裡有三個小孩，平

常都跟小孩玩在一起的他見狀，就拿出鐵人幫貼紙誘惑餐廳老闆兒子及他身旁的二個同學：「要不要貼紙啊？」

好奇心重的小孩當然說要，這下可中了鵬升的圈套，他藉機說：「給你們可以，但要拿著貼紙讓我拍照」，三個小孩快速乖乖地排整齊，拍下第一張當地人貼鐵人幫貼紙的影像，成功，耶！

這家餐館賣的餐點看起來是很美味，但最大的致命傷在於實在太鹹了，有道菜甚至還可以嚼到整塊的鹽巴粒！阿樺已經跑到廚房去跟老闆不斷提醒了三次「麻煩鹹度減半」，但每道端上來的菜還是鹹到難以入口，後來靖宇跟老闆要了一壺熱水，大家每挾一口菜，就得先過個水再吃，這才稍微好一些。整頓飯吃下來，唯一好一些。整頓飯吃下來，唯一得到大家讚美的一道菜是「糖拌西紅柿」，主要的原因是因為這道菜是甜的，不…加…鹽…！

用完餐，大家立馬出發去嘉峪關城樓參觀，由於允揚對於城樓沒啥興趣，同時也感到疲憊想睡覺，於是他和小孫留守在大藍巴車上休息，而鐵人幫們的幾個大男生就嘰嘰喳喳地往城門前進，要進去的門票價格不菲，但好不容易來一次，該花錢就花吧！

不愧是天下第一雄關

一進嘉峪關，一個偌大的花園廣場呈現在眼前，這裡也是過去練兵的廣場，轉個彎，看到一層一層的關卡，我們推測應該是為了預防當匈奴胡人一旦攻破外城牆，仍可將敵人

擋在關卡外，並在城牆上以亂箭射殺，阻擋入侵。這個場景令大家想到電影《投名狀》中，李連杰飾演的大哥，下令射殺在城牆關卡裡的投降敵軍的那一幕，劉德華飾演的二哥極力要阻止，甚至翻臉，但老三金城武擋在中間，不斷重複地說著那句經典對白：「大哥是對的」！那一段亂箭射殺降軍的過程，就是類似這樣的場景，難怪嘉峪關自從明代以後，就幾乎不曾有任何的戰爭，因為這個關口真的是太難以攻陷了。

爬上嘉峪關城樓，俯瞰遠景，這裡和懸臂長城上看到的景致不太相同，往塞外望去地貌遼闊寬廣，一望無際。突然間，似乎望見塵煙滾滾在百里外漫向天際，並快速向嘉峪關竄動，原來是千萬匈奴的驃馬悍將，各個呲牙咧嘴，殺氣騰騰，殺聲不斷，漫天價響地往嘉峪關奔馳而來，讓人望而生怯，不寒而慄，連腳步都動搖了，差點跟蹌跌倒，原來置身在其中，竟然一個恍神，就會沉入在歷史的想像中，產生這樣的幻覺，也讓人不自覺的想起《one night in 北京》這首歌當中，歌詞所描繪的畫面：

人說北方的狼族
會在寒風起 站在城門外
穿著腐鏽的鐵衣
呼喚城門開 眼中含著淚

走出關外，望著前方遼闊無邊的荒漠，回頭才驚覺嘉峪關的雄偉，對比之下更顯得人的渺小，真不愧是天下第一雄關啊！站在嘉峪關的關口前，那一夫當關、萬夫莫敵的氣勢油然而生，讓幾個大男生熱血

沸騰，傾慕起古代大將軍手執金戈、腳踏鐵騎，面對敵人千軍萬馬而面不改色的豪情，平常嘻皮笑臉的鐵人幫，也在這個氛圍當中大發文采，當下還真的寫出了幾首壯志凌雲的詩來：

天險奇關嘉峪城
千軍鐵人難縱橫
甕酒豪情牛角贈
莫道陽西無故人

天蒼蒼、野茫茫
風吹草低見牛羊
沙滾滾、路央央
明月今照古戰場
荒漠塚、青山堂
男兒立志揚四方
杯酒歌、胡笙揚
雄霸塞外鐵人幫

我們現在這裡是沙漠！

就在這樣到處玩、到處看的嬉鬧中，走出嘉峪關城樓都已經下午3點多了，我們這才心滿意足地準備開始認真騎車，只是這麼晚才開始真的上路，能夠騎得了多遠呢？今天原訂的目標是玉門，要騎行的距離將近150公里，早就應該要啟程上路了，只是早上9點就出門，到了下午3點，居然還沒有離開嘉峪關！這會兒恐怕再怎麼努力，就算在腳踏車上加個噴射引擎，可能都很難到達玉門，鐵人們意識到玩過頭了，開始認真拚命的趕路，騎到下午5點多，進度還是嚴重落後。靖宇和小孫開著大藍巴，和車隊保持著大約10公里的距離，在前方等著鐵人幫的大家持續向前，但是隨著時間漸晚，掌

上了大藍巴的鐵人幫

握進度的靖宇眼看狀況不對，開始催促大家得全部上大藍巴了，因為還有將近 100 公里的路程要走，就算坐車狂奔，恐怕晚上 9 點前也到不了玉門，鐵人幫因為貪玩，最後只騎了 40 公里左右，就結束了第一天的路程。

靠著大藍巴的幫忙，過了個把小時，我們在距離玉門 50 公里左右的一個小鎮停了下來，由於天色已晚，再往下兼程趕路恐怕會有安全上的顧慮，所以大夥討論之後，決定夜宿赤金，靖宇、鵬升和小孫到鎮上找了一個小旅館，讓大家安頓下來，要洗澡得到公用的浴室去洗，致倫跑去洗澡，發現還沒有熱水，眾人咕嚷著「怎麼會連熱水都沒有？」外圍老大靖宇霸氣的回覆了一句：「各位，不要忘了，我們現在這裡是沙漠！」好吧，既然是來挑戰，是來冒險的，就別期待能和都市生活一樣便利舒適。大夥分別梳洗，用過晚餐，回憶今天整天的行程，都怪自己愛玩，第一天的行程就落後快 50 公里，接下來的行程要注意時間，別光顧著玩（只是對這群貪玩的鐵人幫來講，睡一覺起來就又忘了）！

創業啟發：創業家，你有狼性嗎？

想創業嗎？創業家必須要有一定的狼性，這也是創業者要在荒蕪困境中存活下來的不二法門！

狼是聰明、有謀略、有紀律、有組織的動物，為了捕捉獵物，牠們可以埋伏在地形中等待，當機會出現，就會毫不留情地向獵物發動攻擊，緊咬不放，不達目的絕不罷休。《今周刊》曾經發佈了「兩岸職場狼性調查」，發現愈是具備強大目標、信心、渴望的狼性特質，愈是有機會取得更高的成就。弱肉強食是大自然法則，狼群懂得進攻，更善於偽裝，適應力極強，所以即使在各種險惡的環境下，總是能立於不敗之地。

儒家思想中的溫、良、恭、儉、讓，是教導我們做人處世、待人接物的法則，但在高度競爭的狀態下，這樣的特質往往會讓自己被更為積極強勢的對手給吞噬。台灣在經濟起飛的 50 年代，很多中小企業主提著一卡皮箱，毫無所懼的出走到世界各個角落，爭取業績、爭取訂單，創造了令人稱羨的經濟奇蹟。反觀近幾年來，許多人開始逐漸陷於安逸，對更遠大的目標和未來不敢再有任何的想像和期待，甚至連追求的勇氣都已經消失怠盡，只期望能有眼前的「小確幸」，就已經是生活中最大的美好，如果只是這樣消極的混日子，在瞬息萬變的環境裡，其實充滿著非常大的潛在危機。

創業家要具備強大的狼性，狼的野性、殘暴、貪婪、執著，或許和講求中庸之道的傳統價值觀，有著明顯的衝突，但面對創業過程的各種阻礙和挑戰，正是需要這樣的態度才能克服創業路上的難關。此外，狼很少單獨出沒，總是團隊作戰，有句話說「猛虎難敵群狼」，創業家若是能夠有一個向心力強大、狼性十足的團隊，更能夠讓創業成功的機率大大提升。

temperature

MAX 28°　MIN 22°

DAY 4

5月28日
沙漠中的落湯雞──赤金到瓜州

騎乘路線：G312 國道、G30 高速公路
今日距離：202 公里

　　今天老哥最早起床，因為他昨晚跟著允揚，很早就休息了，不像其他鐵人幫成員，還在東摸摸西摸摸，改不掉在台灣三更半夜不睡覺，日上三竿不起床的壞習慣。起床之後，趁著其他愛嬉笑胡鬧的鐵人幫還在和周公下棋之際，老哥一個人泡了咖啡在床上喝，悠哉地靠在床頭享受，這是來絲路的第四天，自從廣州機場與星巴克擦身而過，大家這幾天一直懷念咖啡的滋味，只是在這個荒漠中，想要找間咖啡店根本是緣木求魚，只能想著咖啡吞口水。

和我們一樣的鐵人精神

　　大家陸續的起床，趕在七點半集合好，準備用完早餐出發，我們在街上看到一個叫「鐵

人故里」的牌樓，大家覺得又驚又奇，怎麼會在這個荒涼寂靜的小鎮上看到這麼特別的東西？致倫好奇地問了旁邊的一個大叔，這鐵人故里是怎麼回事？爲什麼有這塊牌樓？原來中國知名的第一代鑽井工人：王進喜先生，就在赤金這個地方出生，這裡是他的家鄉。據說在六十年代，中國第一大油田：黑龍江的大慶油田正在開採，過程中因爲技術落後，而且沒有大型的混凝士泥漿攪拌設備，泥漿固井的效果非常不好，當時的石油工人王進喜，出於對工作認眞負責的態度，不顧一切地跳進泥漿池，以身體攪拌泥漿，才有了大慶油田的第一口油井，所以他被尊稱爲「鐵人」，他這樣認眞負責的精神被稱爲鐵人精神。雖然中國這裡對鐵人的定義顯然和我們不太一樣，但既然都有「鐵人」兩個字，對鐵人幫來說，

從玉門出發，就開始下大雨了

就像回到老家一樣，當然是先拍照再說！

用完早餐，我們打算先搭乘大藍巴，到達昨天原訂的目的地玉門再開始騎乘。從出發的時候，就感覺天氣一直陰陰的，時不時地飄一點細細的雨絲，我們還在高興的想著，今天的天氣涼涼的，不會熱，騎起來一定很舒服，期待著今天的行程會有什麼有趣的事，完全沒有料到接下來會遇上讓我們狼狽不堪的窘境。

大藍巴到了玉門市外約 2

公里處，我們下車整備，這時候已經開始覺得雨絲愈來愈明顯了，把車子和補給品整理好出發，騎進了玉門市，感覺雨勢開始變大，鐵人幫穿的防風風衣明顯抵擋不住雨水的攻勢，雨水慢慢滲進了我們的衣領、袖口、褲管，在玉門市內的一個十字路口等紅綠燈的時候，又發現旁邊的路名剛好叫「鐵人大道」，於是鐵人幫又興奮的跑到路標旁邊自拍留念。

這樣一路騎著、騎著，感覺愈來愈不對勁，剛開始只是

絲絲細雨、陰雨綿綿，感覺像是台灣東北季風和梅雨季節的一般，到後來雨愈下愈大，甚至變成嘩啦啦的傾盆大雨，好像台灣夏天的午後雷陣雨那樣來得又大又急，雨勢讓能見度漸漸下降，一夥人再也抵擋不了雨勢，被淋成了落湯雞，誰能夠想到在絲路這樣的地方，居然會下這麼大的雨？

所有人從頭到腳、從裡到外，全部都泡在水裡，還要邊奮力的繼續向前騎，實在是狼狽不堪，不但雨下得大，氣溫也開始下降，被雨水沾濕了的身體更覺得寒意逼人，就在又濕又冷的情況下繼續前進。中間停靠休息的空檔，阿樺還默默地跑回大藍巴上，把羽絨衣穿在裡面，因為實在太冷了。

吃午餐促成一段姻緣

在這個過程中，最讓大家感覺奇怪的，是鵬升從頭到尾完全沒有跟著大家一起有任何的哀號和慘叫，只是很淡定的不停向前騎著，這個狀況完全和大家習慣的模式不同，之前遇到這種情形，通常他都是第一個跳出來說：「我們還是要以整個絲路的安全為重，不要光看這一段小小的路程，如果淋雨感冒了，身體受不了倒了下去，這樣就完全划不來了，所以我們不如先靠邊休息，等雨稍微小一點再繼續前進。」但鵬升今天居然一副很享受的樣子，完全無視滂沱大雨，更詭異的是，大家的衣服因為沾了雨水，都貼緊在皮膚上，但鵬升的衣服居然還在迎風飄著，迎風飄耶！這到底是怎麼一回事？

為了拍照，老闆特地換上了新圍裙，還把
鐵人幫的貼紙貼在圍裙上

穿上工人外套的黑皮，還真像當地的民工

　　中午休息時間，在路上找了一家小店吃飯，靖宇和小孫先在路上幫大家買了毛巾，讓大家可以把身體擦乾，我們趕快請店家先煮了蕃茄豆腐湯來喝，這熱騰騰的湯就像是保命的救生圈一樣，大夥身體擦乾、喝了湯，才覺得稍微暖和了起來，唯獨黑皮卻還是不停的發抖著，後來還是小孫到車上，拿了件工人的淺藍薄外套給他換上，所有人都在笑他穿起來真是太合適，簡直可以直接偽裝成當地的工人。旁邊的鵬升還是老神在在的樣子，好像這場雨跟他一點關係也沒有，大家這才發現原來他外面穿著一件防水的外套，把雨水全部隔絕，身體一直保持乾爽，難怪他會這麼輕鬆愉快，只是我們當時還沒有意識到，鵬升的這件黃色防雨外套，原來就像雷神索爾手持雷神之槌的時候，會讓他擁有控制雷電的能力；鵬升竟是我們當中的「雨神」，只要帶著或穿著這件黃色的防雨外套，就會為帶來無窮無盡的雨水啊……。

大家邊吃邊和小店的老闆聊天,他聽到鐵人幫來自台灣,主動提到想和我們交換台幣,等他的女兒放學回家,可以給他的女兒看看,店裡來了群越過台灣海峽的客人,鵬升問起老闆女兒的年紀多大,隨手指著旁邊正在喝湯的允揚說,有沒有興趣可以結個親家?鐵人幫的其他也開始在旁邊加油添醋,說允揚這個年紀也差不多該找個姑娘,而允揚被這些叔叔們一鬧,還真的有模有樣地開始做自我介紹,笑鬧當中,允揚好像就這麼樣被賣掉了,老哥更是直接熱情的開始改稱老闆為「親家」,嗯,想不到這趟絲路之行,還可以促成一

橋灣古城的解說大哥和小姐,和我們也交上了朋友,貼上鐵人幫貼紙,還有台灣最強科學麵

段姻緣，明年老哥就可以帶允揚來迎娶了啦！

幾顆掉在地上的米菓，就讓鐵人幫又玩了起來

　　吃飽飯重新上路，雨已經變小了，經過了糧食的補充，大家又更有力氣向前騎乘。下午的路乘，大家興致高昂，五個人還在練習各種不同隊型的變化。我們今天一直沿著 G312 國道騎行，但有一條 G30 高速公路和國道是平行的，相較於國道，高速公路的路更直，路面狀況也比較好，騎在上面的速度會更快。這次從台灣出發前，嵩嵐其實也跟我們提過，如果有機會的話，沿著高速公路騎會比較輕鬆，也會比較快，

所以後來找到了一個缺口，我們就第一次騎上了高速公路，果真如嵩嵐所說，騎起來又舒服、又快速，才上高速公路不過半小時左右，就騎了 20 多公里，但是這幾個貪玩的傢伙很

猜拳結果：黑皮輸了，要把這幾顆米菓給吞下去

顯然沒有記取昨天的教訓，在高速公路上看到了路旁有一座古城，馬上又被吸引下去探險。

沙漠中的駱駝商隊

沙漠中的一場大雨

　　那裡叫做橋灣古城，本來只有打算在門口拍照留念一下，就可以繼續向前挺進，哪裡會知道鐵人幫又為了幾顆掉在地板上的米菓玩了起來，幾個人猜拳最輸的人要把掉在地上的東西吃掉，就這麼無聊的遊戲，也可以玩了快一個小時，真不知道該說是幼稚，還是童心未泯（對了，最後猜拳最輸的人是黑皮，他也只好硬著頭皮把這些東西全都吞下肚子）。不過也因為如此，吸引了古城景區的幾個工作人員出來，看看

外面的人在吵什麼？就這樣和他們聊上天，鐵人幫又主動送上台灣最強科學麵，和鐵人幫的貼紙，就這樣又交上了新朋友。

古城景區的解說大哥聽到我們今天的目的地是瓜州，驚訝的說：「那裡距離這邊還有 85 公里耶！你們這樣騎得完嗎？」鵬升自信滿滿地回應他：「沒問題，我們就是騎到半夜二點也會騎完！」阿樺聽到之後馬上湊過來跟黑皮說：「我覺得我們鐵人幫真的是太會唬爛了，這種話也說得出口……」哈哈哈！

從橋灣古城出發已經將近傍晚六點，靖宇和小孫在前面等我們了，經過討論，85 公里的路至少還要騎上四、五個小時，等我們騎到瓜州都要半夜了，所以我們今天路程只能到此為止，一行人再度登上大藍巴，直接往瓜州前進。今天除了大家都淋成落湯雞之外，路途中我們還看到一個很特別的景象，就是一路上到處都是風車，一整區一整片的

大雨將整條道路弄的泥濘不堪，我們的車子和身上都噴的到處都是

大藍巴的貨斗裝潢愈來愈溫馨，愈來愈有家的味道了

老哥，你怎麼了？老哥，你一定要撐住啊～～～

大風車，想必是拿來做為風力發電用的，既然有風車，就代表這一帶的風應該很強勁。在瓜州為了尋找過夜的地方，又折騰了一段時間，由於出了嘉峪關之後，基於安全的理由，當地規定不是所有的旅社都可以讓我們入住，一要找涉外賓館才行。淋了半天的大雨，全身混雜了雨水和汗水，看起來狼狽不堪的鐵人幫，費了好一番功夫，才找到可以住宿的地方，當大家把渾身的髒衣服換下，解放泡在濕鞋子、濕襪子裡一整天的腳丫子，洗完澡，吃完晚餐，又快午夜十二點了，大家雖然疲憊不堪，但是要在沙漠中遇到如此大雨，還真的是許多人一輩子都難得會有一次的經驗，今天的行程也算是特別值得紀念。明天的行程是前往敦煌，到了敦煌之後就可以有一天的停留休息了，鐵人幫，繼續加油吧！

創業啟發：享受一切好玩的過程

　　騎在絲路的道路上，面對的既是難以捉摸的天氣變化，途中又三不五時地轉到別的地方去，對我們這群來自亞熱帶氣候台灣，習慣都市生活的鐵人幫來說，不是自找麻煩？自討苦吃嗎？其實我們不這樣想，因為所有的過程，我們的想法只有兩個字：「好玩」！

　　這就像創業的過程一樣，我們只看到了：「好玩」！

　　Noam Wasserman 在《創始人的困境》一書中提到：「創始人最初創業的動機主要就是兩個，一個是對財富的渴望，另一個則是對控制力的追求。可能這是兩個理論上的動機，觸發了創始人做出創業決策，但是當你身處在創業的『戰壕』之中，外面都是槍林彈雨，你根本就無法體會到財富和控制力。你需要發掘一些更深層次的感受，才能驅動你在創業之旅中走下去，那麼，究竟是什麼感受讓創始人得以繼續前進呢？在某種程度上，答案就是『快樂』。」

　　這裡所謂的「快樂」，與我們所謂的「好玩」是同樣的意思，「好玩」是最好的創業後盾，是一個人做事的原動力，因為有了「好玩」，所以挫折就不再是挫折，痛苦也不再成為痛苦，這一切都成為了追求目標的路上必然的美好體驗，成為了一種享受。如果一個人能夠享受這個過程，把創業時所經歷一切難以控制的困境，用「好玩」的心態去面對，那就不會有失敗，因為是順應自己身心對美好事物的嚮往，這本身就是一件很愜意的事。成功，只不過是對堅持這種行為的一個小小獎勵。

temperature

MAX
32°

MIN
25°

DAY 5

5月29日
迷路也有意外驚喜——瓜州到敦煌

騎乘路線：S314 省道、G3011 高速公路
今日距離：127 公里

昨天淋了半天的雨，鞋子和襪子整個都濕透了，穿了一天下來，不僅一雙腳丫子極度不舒服，脫下鞋襪後的鹹魚味簡直就是恐怖的核生化武器，可以在五秒之內直接將敵人摺倒。原本我們還擔心今天鞋子怎麼辦？難道要把鞋子丟到大藍巴上風乾，我們今天就直接穿著夾腳拖騎車？沒想到一夜好眠醒來，鞋子居然像是完全沒有碰過水一樣，恢復了乾爽和舒適，沙漠的乾燥氣候，讓來自台灣的我們大開眼界。

你們騎錯路啦！

瓜州市不讓貨車進入，所以昨天晚上我們是將腳踏車全鎖進大藍巴的貨斗裡，然後小孫再把大藍巴開到城區外停放，早上我們再從旅館搭計程車到

往瓜州的路上，沿途都看到這樣整片的風車佇立在路邊

城區外取車出發。計程車的師傅和我們開聊的時候，提到瓜州當地政府的目標是「打造全亞洲最大的風電城市」，難怪昨天過來的這一路上會看到這麼多的風車，短短十分鐘的車程，師傅告訴我們途中經過的所有樓房、建築，都是在短短的三年之內打造起來的，等於是在一片什麼都沒有的地方，三年之內就人工造鎮的完成了這個城區，真是令人佩服。最後，師傅還透露，昨天瓜州這裡下了有史以來最大的一場雨，他們當地人從來都沒有遇到這麼大的雨，昨天淋了一身濕的我們，也只能無奈的苦笑，怎麼這麼幸運，有史以來最大的雨都讓我們給碰上了。

大家的身體經過幾天下來乳酸堆積，慢慢的開始有些痠痛了。特別是阿樺，因為穿的是軟質的樹脂布希鞋，在騎車的踩踏過程中腳掌沒有施力支撐點，腳後跟的阿基里斯腱有一些疼痛的狀況，往上連接到

整條腿都覺得不舒服，影響到他騎乘的速度和狀況，大家笑他外表雄壯威武，根本中看不中用；鵬升因為天氣太過乾燥，人中的位置已經破皮，需要不斷地塗抹蘆薈膠覆蓋才能減緩不適；致倫則是騎到屁股疼痛，菊花都要開了，儘管身體有些小狀況，但是依然不能阻擋我們向前挺進的決心。

吃完早餐出發，我們預定的路線是走 S314 省道，往敦煌前進。大家經過休息，又恢復了生龍活虎，輕鬆地邊騎車、邊哼著歌。途經一個叉路口，路旁的指標顯示我們該往左邊走，我們順著路向前，映入眼簾的是廣闊的荒漠，還有大約 30 度左右的上坡，愈向前騎，那一片廣大特別的地貌，感覺就愈像是騎在月球表面上似的，真是美不勝收，鐵人幫的玩興又再度被挑起，邊騎、邊拍照。致倫這一路的上坡都騎得很痛苦，始終落隊在後面，我們還覺得奇怪，他的體力有這麼差

嗎？後來才發現，原來他的後輪已經完全沒氣了，難怪怎麼騎都騎不動，所以大家索性把車停到路邊，一邊等著靖宇的支援，一邊玩了起來。不一會兒，大藍巴從蜿蜒的山路中探出頭來，靖宇對我們大喊：「你們騎錯路啦！」

高壓電纜從頭上跨越馬路

剛才那個叉路口，應該要往右走，但不知道為什麼指標的指示卻是叫我們向左，我們白白騎錯了 5 公里的路，而且靖宇說他們問過當地人，我們走錯的這條路根本就已經封掉了，再往下騎只是死路一條，還是得回頭。鐵人幫就在那裡一邊等著靖宇幫致倫更換車胎，一邊再度胡鬧起來。老哥帥氣的一馬當先，往其中一個制高

點奔跑，登高之後用手機拍了一張環景的照片；黑皮站在下面，也用手機幫老哥英勇的跑姿錄影紀錄下來；鵬升趁著黑皮幫老哥拍照的時候，在旁邊聳恿阿樺，搬了一堆石頭裝進黑皮的馬鞍袋裡，打算神不知鬼不覺的讓黑皮載著這一堆石頭上路；靖宇辛苦地在換致倫的破胎，但他老兄好整以暇地在旁邊吃瓜乾、拍仆街照片，壓根沒有打算要幫忙的意思；黑皮幫老哥錄影完，到馬鞍袋裡要拿餅乾吃的時候，發現被塞在裡面的一堆石塊，大家又開始追查到底誰是兇手……。這種無腦、智障又幼稚的嬉鬧，總是在途中不斷重複的上演，所以才會有人說「去哪裡旅行不重要，重要的是跟誰去旅行」，跟著一群好哥兒們，即使再普通的地方都還是可以找

從頭上跨過的高壓電纜，經過電纜下的鐵人們都被電的唉唉叫

像陣風一樣，奮勇奔向制高點的老哥

靖宇辛苦的在幫致倫更換破胎，他老兄卻悠哉的在旁邊吃瓜乾、玩仆街拍照

沙漠中的各種奇珍異獸之一：蜥蜴

黑皮發現了馬鞍袋裡的石頭

路邊美麗的小販：紅霞姊

當地盛產的中藥補品，號稱沙漠雙雄：鎖陽（左）和肉蓯蓉（右）

到樂趣。雖然走錯了路，但是卻也讓我們意外的發現了這個好玩的地方，擔誤了路程和時間，換來的是美景和歡笑，這應該算是個美麗的錯誤吧。

回頭下山，要再往正確的道路前進，原本很操的上坡這會變成了愉快的下坡，一下子就回到剛才的叉路口，只是過程中有一小段路，當地高壓電塔的連接電纜就從頭上直接跨越馬路，我們從下方通過的時候，一直聽到空氣中充滿「滋⋯⋯

滋⋯⋯」的高壓電波，而且這好幾十萬伏特的電壓配合上當地的乾燥氣候，當我們穿越的時候，身上產生許多的靜電，手掌、大腿這些觸碰腳踏車的部位，全都都被強烈的靜電給電得哇哇亂叫，往後一路向西到烏魯木齊，這樣的高壓電纜從來沒少過。

大夥回到正確的道路，騎起來就快多了，約莫走了 20 公里左右，看到大藍巴在路邊等著我們，靖宇一邊幫我們拍下

騎車的英姿，一邊大聲問我們要不要休息一下？那時大家騎得正順，本想直接再往下走，小孫在一旁冷不防地舉起一顆剛才在路邊買的大西瓜，問我們要不要吃西瓜？

大家一見到有西瓜可以吃，馬上急拉煞車停下，唉，這群貪吃又好玩的傢伙，真是太沒有意志力和決心了！小孫在路邊切開了西瓜，眾人蜂湧而上，站在路邊就吃了起來，太陽很大、天氣很熱，但是因為太乾燥了，其實也不太流汗，西瓜甜美多汁，這時候吃格外覺得過癮。小孫爬上大藍巴的貨斗，把先前裝好的一大桶清水倒出來給大家洗手，他站在貨斗上往下倒，黑皮拿著另外

一個空桶在車下接水，高低落差很大，水花很容易飛濺出來，鵬升站在旁邊，意有所指地奸笑著說：「小心不要被噴到臉上。」話還沒說完，小孫握著

小孫從車上要倒水給大家洗手，下一秒水就噴到了鵬升臉上

水桶的手剛好就滑了一下，一大片水花不偏不倚地全灑到鵬升的臉上，讓所有人笑到上氣不接下氣，取笑他被顏射了！

平生第一次吃驢肉

大藍巴停的位置，剛好是

紅霞姊的店招上也被貼上了鐵人幫的貼紙

個路邊賣東西的小攤販，阿樺和致倫跑去問賣東西的老闆娘，屋後的架子是作什麼用的？瓜州這個地方產瓜（這也是為什麼它叫瓜州的原因），所以他們會將瓜曬成蜜餞一樣的瓜乾，這是當地的特產，老闆娘解釋屋後的架子是曬瓜乾的，然後熱情地拿了一包瓜乾請他們吃

吃看。事後回想起來，大家都覺得這個叫「紅霞」的老闆娘，簡直就像是西遊記當中描述的蜘蛛精一樣，會跑出來蠱惑來往的人們，為什麼會這麼說呢？因為吃了老闆娘請的那一小包瓜乾，阿樺和致倫立刻像是失心瘋一樣，馬上掏錢買了二十包！大家就在攤子上跟老闆娘

我們騎成一線，輪流在前破風

聊天，按照慣例，我們熱情的拿出鐵人幫的貼紙當禮物，跟她合影留念，還在她的招牌上直接貼了一張，才又啓程上路。

今天的路程其實不算遠，可是開始見識到在絲路上「風」的威力，下午的路程開始颳起風來，除了風力強勁之外，方向還不規則，一下從右側來，一下從前方來，不斷阻撓我們前行，我們騎成一線，輪流在前破風，如果前面第一個人累了，就退到後面去，換下一個人補上，靠著這樣的團隊合作，我們大約九點半抵達了今天的目的地：敦煌。只是一整天的不斷硬撐狂操，阿樺穿著軟膠鞋的腳愈來愈痛，到達敦煌的

甘肅的知名美食：驢肉黃麵

時候，他甚至連走路都有困難。大家當時不知道他的腳到底是怎麼回事，只是猜測會不會是因為鞋子造成的，建議他今天晚上在敦煌買一雙鞋子換上，利用明天停留在敦煌的一天時間讓腳好好休息，不然後面還有這麼多天，他怎麼騎得完？後來阿樺就在敦煌的店家買了一雙球鞋，取代他原本穿的軟膠鞋。

相較於前二天停留的地方，敦煌是一個比較大的城市，今天住的地方，附近就有一個夜市，所以我們就去夜市裡解決晚餐。聽說在敦煌這裡流行一句話：「天上龍肉、地上驢肉」，敦煌的驢肉是最好吃的，配上西北傳統麵食的黃麵，就成了甘肅這裡的知名美食：驢肉黃麵。長這麼大，還真沒有吃過驢肉，吃起來的口感其實滿像牛肉的，味道還不錯。接連幾天的騎乘，明天我們將在敦煌停留一天，在這裡旅遊。哈哈哈哈，終於可以不用趕行程，名正言順的玩一天囉！

創業啟發：雁行理論

　　沒有一隻雁子會飛得夠遠夠高，如果牠只用自己的翅膀獨自飛行…。

　　雁行理論最早是由日本學者所提出，用來解釋不同產業的興衰現象，但後來被廣泛應用在企業管理和團隊經營當中。當雁鳥以Ｖ字隊形飛行時，比每隻雁鳥單飛時更省力。如果一隻雁鳥脫隊時，牠會感覺到吃力，所以牠會回到隊裡，繼續利用團隊的力量飛行。當領隊的雁疲倦了，他會退回隊伍裡，團隊裡另一隻雁會出來領隊。後面的雁會用叫聲來激勵前面的雁保持速度。若有雁鳥生病脫隊時，會有二隻雁留下來陪他，直到牠痊癒或死亡。然後，他們組隊飛行，以趕上原來的隊伍。「雁行理論」強調的是團隊合作、輪流領導、激勵同伴和互相扶持等四項內涵。

　　如果可以找到目標相同又志同道合的朋友，相互扶持鼓勵，這樣遠比一個人單打獨鬥要來得輕鬆多了。創業的過程，都需要有夥伴或是團隊的支援，即使是獨資的企業，也需要有一個工作團隊來幫助業務的推廣和執行，團隊合作就顯得格外的重要。創業者必須整合團隊，讓組織中的成員目標一致，團結合作，這樣會更有力量、更有效率。過程中也許會有遭遇挫折或是意志消沉的時候，此時旁邊的夥伴如果能像雁鳥一樣，接替上來共同分擔責任，群策群力的共同付出，將會讓目標更容易達成。

temperature

MAX 29° MIN 13°

DAY 6

5月30日
千年歷史、全新感受──敦煌停留

敦煌是一個充滿歷史的地方，這裡自古就是西域的重要城市，鐵人幫雖然平時野慣了，來到這麼具文化色彩的古城中，還是要好好的陶冶性情。所以昨天晚上吃完飯回到旅館，靖宇就到櫃檯確認好今天要包車，除了開車師傅之外，還附帶一個地陪導遊，這個貼心的外圍老大深深知道我們這群臭男生喜歡看美眉，還特別叮囑，看能不能派個美女導遊。起床後大家很悠哉地盥洗、吃早餐，到樓下集合出發的時間比較晚。看到在大廳迎接我們的，還真的是一個師傅和年輕的女生來當我們的導遊。

鳴沙山發出嗡嗡聲響

阿樺的腳看起來真的頗為嚴重，因為他今天走起路來都

我們當天的一日導遊：小李

是一跛一跛的，還好今天是在敦煌一天的旅遊行程，希望可以讓他的腳得到充分的休息。我們坐的是後座三排座椅的廂型車，師傅大哥頂著一個大光頭，外型看起來非常兇狠，開車的時候也真的是殺氣十足，一路瘋狂超車，喇叭沒有少按過。導遊叫小李，剛剛才從學校畢業，是在敦煌當地長大的純樸姑娘，上車之後，她試著對我們解說敦煌的風俗民情，但幾個臭男生卻在旁邊胡鬧起鬨，講一些亂七八糟的話，小李不時被我們的話逗到講不下去，笑得花枝亂顫，阿樺看她穿著一件外套，問她說：「這麼熱的天氣，妳還穿外套，不會覺得熱嗎？」小李似笑非笑地看著他，回答：「我這是防狼的！」

經由她的介紹我們才知道，這裡的年降雨量不到 40 公釐，但年蒸發量居然將近 2500 公釐，可見得這裡的氣候有多麼乾燥。我們前往第一個景點「鳴

敦煌市區道路向前延伸出去，直接連接一整片的沙漠

在鳴沙山這裡再飄浮　次，這下終於成功了

沙山、月牙泉」的途中，城市
的馬路直接向前延伸出去的正
前方，就是一大片滾滾的黃沙，
道路的盡頭就是沙漠，要不是

來到絲路，一輩子應該都不會
見到這個景象。之所以叫做鳴
沙山，是因為那裡的沙丘經過
震動、滑落、或是相互推擠，

一字排開的越野沙灘車

沙漠中的各種奇珍異獸之二：駱駝

會在表面產生空洞發出嗡嗡的聲音。一踏進鳴沙山景區，馬上看到一整片的沙漠，只有在電影中才會出現的場景，活生生的呈現在眼前，這裡不是我們印象中的黃沙，而是細細的偏淺色的沙，非常非常非常的美，一個一個的沙丘連在一起，遠方的稜線上還可以看到已經有好幾隊的駱駝在行走。鳴沙山這裡有很多的遊玩方式，我們有看到駱駝、越野沙灘車、輕型滑翔機、甚至連直升機都有，我們想先玩越野沙灘車，就一人租了一輛，每輛車配一個教練跟著我們坐在旁邊，先由我們自己騎，騎進鳴沙山的沙漠中，在一片沙丘當中飆速實在是很過癮，我們按照預定的路線到一個比較大的沙丘前面停下來，爬上沙丘，站在稜線上，視野可以看得到好遠好遠的地方。

我們從來沒有見過這種自然景觀，真的美不勝收，大夥連忙開始不停的擺姿勢，請靖宇幫忙拍照，在這樣遼闊的地方拍照，就好像自己是個明星在拍寫真似的。光是在沙丘上，我們就拍了一個多小時的照片，其實還滿佩服鐵人幫這種自high 的能力，可以玩得這麼瘋，

群沙環繞著一抹彎月般的清泉，這就是美麗的
月牙泉奇景

玩到在下面等我們的沙灘車教練等到都不耐煩了，都對著我們大喊，叫我們趕快下去，他們要去吃飯了！接著換教練騎車載我們，騎到了鳴沙山的後山，那裡有非常知名的「五色沙」，我們連忙拿出身上喝完水的空寶特瓶，在跟教練確認 ok 之後，裝了一些沙帶走。騎回出發點的時候，幾個教練開始瘋狂的尬車，八輛越野沙灘車在沙丘當中穿梭，互相超來超去，在大家完全沒有準備的情況下，忽然來到一個沙丘上，然後從大約四層樓高、坡度 70 度左右的高度直接往下衝，心臟當場沒從嘴巴裡跳出來，嚇死人了，真的是又好玩又刺激。

莫高窟全景，沿著這一片山壁，共有 735 個洞窟，號稱「千佛洞」

一抹彎月般的池子躺在沙丘中

玩完越野沙灘車，本來還想再去騎駱駝，但後來發現騎駱駝走的，是和越野沙灘車是一樣的路線，所以我們打算租一頭駱駝來，大家輪流騎上去拍照就好，工作人員又跟我們說駱駝很奇怪，牠們願意走路，走再多的路再累都不怕，但是牠們不喜歡一直坐下又站起來，也就是說，牠們不能夠不斷讓我們幾個人上上下下的騎到牠身上，只好打消了這個念頭。

月牙泉就在鳴沙山的旁邊，

我們直接走過去就好。月牙泉是敦煌八景之一，形成的原因有許多說法，但普遍認為是地下水溢出所形成。過去月牙泉的水深最高可以到 7 公尺，但水位在近幾十年中開始逐漸的下降，面積也大幅的萎縮，現在的月牙泉地下水基本已經枯竭，靠的是後來接的水管輸入自來水來維持湖面。月牙泉的景觀非常獨特，在四面包圍聳立的沙丘中，一抹彎月般的池子躺在沙中，從遠處看全景，還真的很夢幻。月牙泉的旁邊還有一座樓，像是古代騷人墨客在這裡舞文弄墨的清靜之地。旁邊還有塊解說牌，斗大的標題寫著「這裡曾經是水下」，根據旁邊的地層特徵顯示，這裡曾經是河流或湖泊的水底下，物換星移、滄海桑田，如今只剩下這抹彎月與天地相伴，在

偌大的世界裡，我們又將留住什麼與星月同輝呢？

下午去的是莫高窟，這裡是聯合國教科文組織認定的世界文化遺產，俗稱千佛洞。小李告訴我們，去莫高窟參觀之前，要先去數字展示中心看電影，我們聽得一頭霧水，為什麼要看電影？數字展示中心，是要展示什麼數字？難道是古代千佛洞裡挖掘出來的壁畫？還是什麼數字呢？到了之後才恍然大悟，原來他們說的數字，就和數碼一樣，指的是「數位」的意義，只是用詞不同。莫高窟因為具有高度的文化價值，不能夠把千佛洞所有的洞穴全部開放給遊客參觀，所以他們就用拍攝影片的方式來呈現莫高窟的歷史，這樣既可以完整的介紹，又不用擔心會因為太多遊客的到訪對這些文物造成

破壞，套句電影《海角七號》裡馬拉桑的招牌台詞：「千年傳統、全新感受」，這裡也是千年歷史，全新感受。

莫高窟的歷史可以往前推到十六國的前秦時期，最早是由一位僧人樂尊路經這裡，看到金光閃光、佛光乍現，就在岩壁上開鑿了第一個洞窟，在這裡修行。歷經許多不同朝代的興建、翻修，目前發現的共

有 735 個洞窟，是中國第一批被列為重點文物保護單位的地方，至今已經超過 1600 年了，還衍生出一個專門研究藏經洞典籍和敦煌石窟藝術為主的學科：敦煌學。我們看完了數字

第 96 窟的九層塔，裡面是中國第二大佛，高 35 米

展示中心的影片介紹之後，轉搭官方的大巴士前往莫高窟，快到的時候，就看到一條長長的山壁，山壁上密密麻麻的洞窟，很是壯觀，這裡有專門的導遊，一批一批的帶著我們做導覽解說，根據導遊的介紹，莫高窟這裡當年因為受到周恩來的命令保護，所以在文化大革命的時候很幸運的沒有被破壞。

飛天仙女的曼妙姿態

但是在 1900 年，因為在一個石窟中無意間發現了一個藏經洞，吸引了很多西方的考古學家和探險者前來，在當時許多的典籍、經書、壁畫和文物因此流失或是被破壞了。現在為了保護石窟，所有石窟外面全部都加裝了門，並且上鎖，避免日照、風沙等等自然的風化，對石窟造成的影響。每天開放參觀的人數有上限，開放的石窟也都不同，石窟內禁止攝影，這一切都是為了盡可能保存這個文化的完整性。

莫高窟中的第 96 窟，有一座依山崖而塑的大佛，高 35.5公尺，是在初唐時修建的，但現在外面覆蓋著雄偉壯闊的九層塔，已經不對外開放了，沒有辦法看到，不過這座九層樓

敦煌的代表標誌：飛天　　鐵人幫主動協助帶著嬰兒車來參觀的媽媽，這個媽媽才剛從台灣旅遊返回大陸，對台灣印象很好

塔也被視為代表莫高窟的建築標誌。雖然沒有機會看到大佛，但我們還是很幸運的看到了敦煌另外一個代表性的標誌：飛天，那是在石窟的壁畫上，一個在天宮裡反轉琵琶，背在背後，反手彈奏著的歌伎，這個動作飄逸輕盈，但是完全違反人體工學，所有彈奏琵琶的國樂家都沒有辦法用這個姿勢演奏，因此認定這是天上仙女，能歌善舞，才能用這樣的曼妙姿態呈現。

跟鐵人幫同一批聽導遊解說莫高窟的旅客中，還有一個從上海來的媽媽，一個人帶著嬰兒車裡的兒子也來參觀，莫高石窟的動線爬上爬下的很不方便，大夥主動伸出援手幫忙她，也跟她攀談了幾句，原來她才剛去台灣旅遊完回來，對台灣的印象很好，也對鐵人幫的實現夢之旅送上祝福。結束導覽路程，我們就跑到大佛所在的 96 窟前方，以九層塔樓為背景，跳了一段鐵人幫的合體舞蹈，留下美好的紀錄和回憶。之後回到敦煌市區，靖宇一直邀請小李留下來和我們共進晚餐，她一直笑著婉拒，說還有別團的客人要帶，所以我們幾個男人們只好在附近解決了晚餐，順便再到隔壁的超市買了一些補給品，明天繼續我們的旅程。

創業啟發：找對的人請教

每個領域，都會有一些厲害的高手，他們在這個領域也許很擅長，但不代表同時就對其他的領域也很熟悉。關於創業的問題，我們應該要向創業家借力請教，而不是自己身邊的好朋友，也不是你的父母親。

這是一個很簡單的道理，如果你今天想要了解繪畫，我們就應該去找專業的畫家學習；如果想要精進烹飪，我們就應該向專業的廚師請教，要是搞錯了詢問的對象，可能就會得到錯誤的建議，聽不到正確的資訊。創業何嘗不是如此？想要創業的人，內心總是有一股熱情，一股對夢想的執著，覺得可以透過創業來完成心裡想做的事。只是當我們想跟自己的家人、父母討論我們的創業計畫或想法，他們很容易告訴你：「不要去想這些不切實際念頭，好好工作就好。」父母、長輩畢竟跟我們相處於不同時代，本身也不是創業家出身，沒有這樣的經驗可以跟我們分享，雖然是關心我們，但卻不見得能給我們最適當最正確的有效意見，這不是父母親的錯，錯的是我們。

馬雲在剛開始創業的時候，曾經請了 23 個朋友在家裡開了二個小時的會，把他要創業的想法跟這些人說，結果這群人裡有 22 個人反對，只有 1 個人支持他，如果當時馬雲因為大多數朋友的想法而放棄了他的理念，阿里巴巴可能根本不會出現。據說臉書的馬克‧佐克伯在剛開始創立臉書的時候，當時真的就有同學跟告訴他：「我媽媽很反對我們要做的事情……，我想我無法跟你們繼續了！」其實不管創不創業，能決定自己未來人生的，從來只有自己，誰都無法幫我過我的人生，創業是一種可傳承、學習的經驗，如果真的有疑問，應該要多去向有經驗的人請益，這樣你的問題才能得到有效的答案。

縱騎絲路 啟發創業心法

temperature

MAX　　MIN

31°　　23°

DAY 7

5月31日
老哥長尾巴——敦煌到柳園

騎乘路線：G215 國道
今日距離：131 公里

一大清早，整裝出發

　　5 月 31 日是老哥的生日，這是何等特別的巧合啊！仔細想想，這個世界上能有幾個人，在自己的這一天，剛好跟著一群自己的好兄弟在一條實現夢想的道路上，努力的向前騎行？不管說什麼都該要好好大肆慶祝一番。昨天吃完晚餐回到飯店，靖宇就跟大家說好慶生計畫，要我們早上一樣出發，他和小孫等我們上路之後，先在敦煌市區找地方買蛋糕慶生，中午休息的時候再把蛋糕拿出來慶祝。老哥當然不知道我們的計畫，他也低調地絕口不提隔天是自己的生日，這種低調的表現完全符合他悶騷的個性。

成員難得碰上生日

父子情深

我們出發了之後，一路沿著 G215 國道騎，當天上午的路程很順，大約二個多小時，就已經騎行將近 50 公里。中午時分，在國道上剛好有一個叫西湖的地方，那裡被 G215 國道穿過，只有三、四家的小店，我們挑了一家小店吃新疆拌麵，這家店的老闆是維吾爾人，牆上貼了一張大大的維吾爾女生海報，櫃檯上放了一個很大的喇叭，播著維吾爾的歌，還是舞曲呢。我們點完餐，洗了手，

允揚很有默契的把老哥拖在座位上講話，我們幾個有的要去洗手、有的要去拍照、有的說去大藍巴拿東西、有的說要去上廁所，用各式各樣不同的藉口走到外面，靖宇把買好的蛋糕點上蠟燭，鵬升、阿樺、致倫、黑皮就這樣捧著蛋糕，唱著生日快樂歌邊走進店內，送到老哥面前。他一臉不可置信，驚訝地看著幾個平常只會互虧、練肖話的兄弟們幫他合唱生日快樂歌，還有放在他面前的蛋

老哥在沙漠中的小店，對著蛋糕許願

維吾爾族的老闆熱情的在店門口跳起
舞來

糕，相信這絕對會是他永生難
忘的一個生日。

　　大家把蛋糕切塊，還分了
一些給維吾爾族的老闆和老闆
娘一起吃，放在櫃檯上的那個
喇叭，一直播送著維吾爾族的
歌曲，老闆倚靠著櫃檯，不停
地跟著喇叭傳送的歌曲搖頭晃
腦，黑皮見狀隨口跟老闆說了
一句：「老闆，你要教我們大
家跳啊！」這好像是什麼具有
魔法的咒語一樣，老闆聽到，
馬上把音樂轉到最大聲，走出

門外，跟著音樂就在店門口跳
起維吾爾族的傳統舞蹈，鐵人
幫們也跟了出去在旁邊湊熱鬧，
老哥率先挺身，在老闆旁邊跳
著他那每次都被大家取笑，復
古的六十年代舞步，和老闆的
舞步相伴毫無違和感；阿樺被
大家拱下去跟著跳，僵硬的肢
體動作完全不像在跳舞，反而
比較像是在跳八家將；就連允
揚也大方的和老闆尬舞，一夥
人在店門口跳了好一會兒，熱
熱鬧鬧的，鐵人幫乾脆加碼，

敦煌市區裡的水果小販

五人共同跳了段鐵人幫的合體舞蹈，跳完之後，照例贈送鐵人幫的貼紙，並和老闆、老闆娘合影。這回貼紙是貼在櫃檯上的喇叭上，一路走來，舉凡鐵人幫去過的地方，都會和當地人交上朋友，然後用貼紙代表「鐵人幫到此一遊」，好像在童話故事《糖果屋》裡，那

一對沿途丟麵包屑做記號的兄妹一樣，未來如果還有機會再到絲路來，還可以一路靠著鐵人幫的貼紙做記號，再來會會這些好朋友們呢。

詭異的沙塵暴

吃飽飯，跳完舞，大夥準

備再上路，這時發現前方的路看起來一片迷霧，風沙滾滾，氣勢驚人，整條路被沒入在那一片灰暗之中，彷彿被吞噬了，感覺不太對勁。看來，我們遇上沙塵暴了！在鐵人幫此行出發前早有準備，每個人都戴了大的防風鏡，就是為了這個時候，萬一遇上沙塵暴，還可以有一層保護。大家這會兒紛紛把防風鏡戴上，再上頭巾、袖套等等其他的裝備，整個人就像是肉粽一樣完全包得緊緊的，然後告別了老闆、老闆娘，繼續上路。

騎在沙塵暴中，空氣非常混濁，雖然是大白天，但濃濃的沙塵籠罩在我們四周，能見

跟大風搏鬥後的鐵人們，已經累癱在路上了

準備好防風鏡，鐵人幫要直闖沙塵暴的核心

度很差，一片灰茫茫的，如果不是戴著防風鏡，眼睛根本沒有辦法睜開。大家聚精會神的專心騎車，深怕因為看不清楚而發生什麼意外，而且除了讓我們視線不清、呼吸困難的沙塵之外，沙塵暴颳起的大風，也讓我們寸步難行，感覺好像電影《神鬼傳奇》中那個大祭司印和闐在施法，平地起風的用這個沙塵暴向我們做出無情的攻擊。我們在沙塵暴中騎了二個小時，好不容易才穿越，這時已經是精疲力盡，在下一個休息點，小孫又切了一顆西瓜來給大家，靠著西瓜的水分補充，體力才稍加恢復，稍事休息之後繼續向前，大約十點左右到達今天落腳的地點：柳園。

柳園是一個產煤的地方，當地人口絕大多數都是外來打工的，鎮上還有車站，路上看到不少的旅館、招待所，要找到住的地方相對容易。經過一個下午的奮戰，大家的體力消耗都很大，不過好消息是阿樺在敦煌買的鞋子好像真的產生效果，今天雖然在沙塵暴的包圍之下騎得很辛苦，但阿樺的腳已經沒有前二天那麼痛了。洗完澡之後，就在旅館附近找了一家餃子館，想說品嚐一下道地的西北方餃子風味。這裡的餃子和台灣的賣法不一樣，台灣是一個一個的賣，每個餃子多少錢；這裡的餃子卻是半斤一斤的賣，每斤多少錢，半

柳園鎮的街景

這裡的水餃不是一顆一顆的賣,是一斤一斤的賣

斤算起來大約有 15-20 個餃子,鐵人幫這餐飯一共吃了 6 斤的餃子。我們從嘉峪關出發到現在,還發現一個有趣的現象:這裡的啤酒都不冰,即使店家有冰櫃或是冰箱,這冰櫃和冰箱也都不插電,所以啤酒都是在常溫下喝,我們很好奇地問了很多店家,他們說大家在這裡,都是這麼喝啤酒的,他們都很習慣了,沒有在喝冰的啤酒,甚至跟店家要冰塊,他們也沒有,這一路上幾乎所有的店家都是這樣。這也是旅行迷人的地方,體驗不同地方的人,他們的生活習慣和我們之間的差異,非常有趣。

創業啟發：沒有完美的個人，只有完美的團隊

有句諺語說：「如果你想走得快，那就一個人走；如果你想走得遠，那就結伴而行！」

創業是一輩子的事情，如果能擁有與你有共同理念或夢想的團隊夥伴，一路上協助你，相互配合，會是一件非常非常重要的資源，所以創業家有時對夥伴的重視，會更勝於重視自己，因為夥伴對你來說具有多重的意義：有時候夥伴是你的知己、有時夥伴是你突破難關的戰友、也可能是幫助你更清楚找到方向的導師，因此所有傑出的創業家，都極力追求一個良好團隊的支援和共好，靠著個人英雄主義單打獨鬥絕對不是聰明的做法。

這個概念在各個不同領域中，隨處可見到具體的例子：例如美國職籃 NBA，麥可喬丹如果單憑一己之力，不重視團隊夥伴，他就不會成為史上最偉大的籃球之神；如果鋼鐵人、美國隊長、雷神索爾、浩克、黑寡婦……等等超級英雄沒有組成復仇者聯盟，沒有互相關心照應，就無法對抗邪惡的奧創，完成拯救地球的任務；漫畫《灌籃高手》當中，如果赤木剛憲一味追求個人的強大，不懂得團隊概念，就無法制霸全國，就連在人氣居高不下的漫畫《海賊王》裡，神經大條的主角：蒙奇・D・魯夫都說過：「因為我不會用劍，所以需要索隆；因為我不懂料理，所以需要香吉士；因為我不懂醫術，所以需要喬巴；因為我不懂航海、所以需要娜美；因為我不會騙人，所以需要騙人布。如果沒有這些夥伴們，我怎麼敢說要成為海賊王啊！」即便是個人戰力薄弱，只要有好的團隊協助，一樣可以過關斬將。

創業家要致力於建立團隊、發掘人才、關心夥伴、讓彼此發揮所長，這樣就能讓事業發展更快步上軌道，得到想要的成功。

temperature

MAX   MIN

34°   20°

DAY 8

6月1日
沒有星星的星星峽──柳園到哈密

騎乘路線：G30 高速公路
今日距離：301 公里

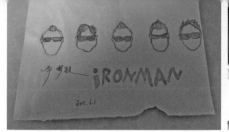

櫃檯妹親手畫下的鐵人幫 Logo，被阿樺當成是定情信物

阿樺用科學麵換到了櫃檯妹的親筆畫

早上起床，氣溫只有十度，我們走出飯店的時候都可以感覺到陣陣的寒意，沙漠的氣候變化真的好大，這間旅館的櫃檯小姐眉清目秀，白白淨淨的，讓人忍不住多看二眼，跟她聊過才知道原來還只是個高中生，阿樺和靖宇從昨天到了這裡辦理入住手續的時候，不停的在討論，認為她可以稱得上是目前為止，絲路之行看到的第一美女。經過一晚的休息恢復，阿樺繼續發揮把妹最重要的要訣：厚臉皮，不停的跟她聊天，還送她鐵人幫的貼紙和科學麵，在我們不停的催促之下，才心不甘情不願地跟著我們去吃早餐，在我們吃早餐的的空檔，這個櫃檯小妹已經把鐵人幫的貼紙直接手繪出來，等我們吃完早餐回飯店整備的時候送給我們，還在上面留下了親筆簽名，這一手功夫真是厲害，阿樺興高采烈地把這張手繪的圖當成是定情之物，相信為了這個美眉，他未來一定會想再來絲路。

無解的神秘之謎⋯

我們是在附近找了生煎包子店吃早餐，這裡的包子是直接用煤炭加熱煎的，有一種很特別的香味，一夥人胃口大開，

用煤塊加熱煎的包子，有一種特別的香味，而且非常便宜

吃了 60 個包子，14 碗雞蛋湯，居然才花了人民幣 50 元。回到旅館整備，每個人低頭在整理自己的戰駒和補給品，靖宇也來回穿梭地幫我們檢查胎壓是否足夠、鍊條和煞車是否需要調整，這是每天出發前的重要工作。突然聽到很大的巨響，「碰」的一聲，大家抬頭一看，老哥居然連人帶車整個摔在路邊，標準的仆街姿勢充滿了力與美，忍不住想給他 10 分的滿分，問他怎麼回事？他只是一個勁兒的傻笑，也說不出個所以然，不知道自己為什麼會跌坐在路邊，而且連他的腳踏車龍頭都撞歪了，只能靠靖宇再幫忙調整一下，難道在那一個短暫的剎那，他的元神分離出竅，才讓他跌倒了都渾然不覺？這大概又是絲路行程中一個無解的神秘之謎……。

我們就直接在高速公路的路邊野炊生起火來，燒水煮泡麵

今天的路線是走 G215 國道轉 G30 高速公路，總路程大約 97 公里，算是騎起來比較輕鬆的一天，不過我們查了資料，今天的路上完全沒有任何的休息站或是小鎮可以補給，所以我們已經設定了目標，今天中午就直接在沙漠裡野炊，解決我們的午餐。出發之後就一直騎著，沿途看到的都是荒漠，遼闊的荒漠，一望無際的連接到天際線。我們在台灣長大，許許多多的高山地形和這裡不同，即使在台灣的鄉間，也不會有機會看到一整片的荒蕪。

我們這幾天和很多當地的朋友聊天的時候，都會問他們一個問題：「請問你們看過海嗎？」每一個人的答案都是沒有，再接著追問：「你會想看海嗎？」所有的回答也都是想啊。出來走走，見識到不同的世界，認識到不同的人群，想法和見識會不斷的增長，格局和眼界也就跟著提升了，老哥讓允揚跟學校請了這麼長的假，就是為了讓允揚可以看看外面的世界，古人說：「讀萬卷書，

享受著沙漠裡的泡麵大餐

路邊的風很大，四面八方的亂吹，火舌也被吹的沒辦法集中，水燒了好久都煮不開

不如行萬里路」，就是這個道理。

花了二個小時左右，就騎了50多公里，遠遠看到大藍巴，我們知道要來準備今天的野外大餐了。靖宇是海龍蛙兵出身，當年在特戰部隊學過一些基本的野外求生，而且個性瀟灑豪邁的他，常常突然想到，就帶著簡單的小工具，隻身進入到山區裡二、三天才出來，這種冒險對他來說是家常便飯，也正因為如此，我們對於今天要在沙漠裡生火野炊，覺得充滿了信心。早上在柳園，大家還

跑去附近的店家，想找看看有沒有卡式瓦斯爐那種方便攜帶的加熱工具，可以讓我們在野外煮東西，靖宇當時就一直說不用，他可以想辦法搞定。我們出發了之後，又想到可以去買木炭，這樣方便升火，鵬升也為此特別打了手機聯絡靖宇，他在電話那頭還是說不用擔心，他和小孫來處理。

我們到達休息點的時候，發現不但火已經升好，他們甚至已經開始在煮水了，大家都覺得興奮莫名，但也很好奇他們二個怎麼有辦法找到這些器

具和材料？靖宇說他們出發之後，沿途看到可以用的東西，就把它撿上車，所以東找西找，就弄了枕木來當架子、鐵絲來固定枕木、牧草來當火種、碎煤來起火，然後靠著雙手嘗試把這些材料拼拼湊湊就搞定了，其實沒有想像中的困難，聽著

阿樺、黑皮：「胯下癢呀胯下癢，來抹╳可膚…」

靖宇和小孫描述整個過程，說的氣定神閒，我們聽得卻是目瞪口呆，大感佩服。因為這裡的風還是非常的詭異，從四面八方亂吹過來，升起來的火舌一直沒有辦法集中在水壺上加熱，後來大夥乾脆在火堆旁邊圍成一圈，讓火可以聚在中間

加熱，果然水一下就滾了。

夢幻的星星峽是加油站？

靖宇他們幫大家買了泡麵，還有用真空包裝撕開來就可以直接吃的滷蛋，大夥就在野外吃起泡麵來，雖然不是滿漢全席，但這特別的經驗讓大家都覺得很興奮，吃完了泡麵，致倫還把他爸爸在苗栗親種的茶葉拿出來，大家泡茶來喝，太

吃完午餐，大家直接窩在大藍巴的陰影下乘涼，喝茶

陽很大很熱，空曠的一片荒漠中完全沒有地方可以躲，所以後來我們就窩在大藍巴旁邊，靠著大藍巴的影子遮陽，享受

飽餐一頓後的好茶。這天的午餐吃的是最克難、最簡單的，但是那種滿滿的成就感，卻是完全無法比擬的。

吃飽飯，休息了一下，大夥繼續上路，今天的大家的狀況都很好，速度非常快，我們騎著騎著，經過一個大轉彎，出彎的剎那，就看到了甘肅和新疆的省界，大家開心得又叫又跳，因為已經騎了六天，好不容易終於離開了甘肅省，進入新疆省了。而且更讓人興奮的是，就在一公里遠的前方，有一個收費站，收費站上方寫著大大的「星星峽」三個字，

沿途的風很大，停車的時候都要把車直接躺在地上，不然車子一下就被吹倒了

這裡就是我們今天預定停留的地方。星星峽這個地名太夢幻了，讓人充滿期待和想像，覺得那裡應該會是一個很漂亮的地方，晚上會有涼風徐徐、滿天繁星，可以在星空下聊天、品茗，何等的愜意自在，今天還不到下午六點，就已經抵達了，這代表今天晚上有很長的時間可以好好享受晚餐，放鬆一下，真的很開心。

放眼望去，高速公路的這邊有一排破破舊舊的房子，房子前面停著許多的車子，大部分都是跑長途運輸的貨車、卡車、聯結車、拖板車，整排的矮房子中，除了幾間可以吃飯的小餐廳、貨車的維修廠，再沒有其他的店家。高速公路對面的那邊，同樣也是一排破破舊舊的房子，看過去也都是小餐廳和汽車維修的店家，但是最旁邊還多了一棟看起來像是招待所一樣的旅館，除了這二排房子之外，剩下的就只有加油站，再沒有其他的東西。接近收費站的時候，我們想找匝道下 G30 高速公路，進入星

139

星峽鎮找地方休息,可是找了半天都找不到離開交流道在那裡?黑皮看到一個公安,就跑去問路,沒想到一問之下才知道,原來這個星星峽鎮,居然就是這個……收費站?!

我們不可置信地站在加油站前,完全傻眼,怎麼回事?這裡就是星星峽?會不會是那個公安沒有聽懂我們的問題?要不要再去確認一次?我們正在猶豫著該怎麼辦才好的時候,加油站裡正好一輛休旅車開出來,停在我們前面,從車上下來的像是一家人,一個男的開車,還有二個婦人,帶著三、四個小孩,他們加完油,先開出來停在路邊,等著加油站裡的另外一輛車出來。他們看到鐵人幫一行人站在路邊,穿著打扮非常奇怪(這一路上不管到哪裡,幾乎每個人看到鐵人幫的表情都很奇怪,可能是因為不常有人用這樣的打扮在路上逛,也不會有人沒事騎著腳踏車在高速公路上出沒),好奇的打量著,他們主動問起我們從哪裡來?要去哪裡?原來

他們是哈密當地人，二家子人開車到甘肅去玩，現在要回哈密，途中經過星星峽在加油。鐵人幫馬上抓著他們問，要怎麼下高速公路去星星峽鎮？他們回答說：「這裡就是星星峽啊，星星峽就是這樣子而已！」嗯，看著他們理所當然的表情和語氣，我們也只好相信，原來這個名字聽起來很夢幻的地方，原來就是一個連接甘肅和新疆的隘口，一個……收費站！

一切等睡醒了再說～

那接下來該怎麼辦？星星峽這個地方，唯一可以住的就是高速公路對面那棟，像是招待所一樣的旅館，再沒別的了。這家人接著告訴我們，星星峽前後都沒有什麼其他可以停留的地方，如果想找地方住，要嘛就回頭往甘肅走 100 公里去柳園（你是開玩笑的吧？我們就是從柳園來的耶），再不然就是繼續往新疆走 200 公里，

到哈密去找地方住，不然中間這段路，都沒有其他的城鎮可以歇腳。

這下可好，我們一時之間進退不得，拿不定主意。根據我們預定的計畫，今天的目的地是星星峽，明天的行程才要從星星峽前進到哈密，如果要住在這裡，這個地方和我們想像的落差實在是太大了；但如果要再往下走，時間已經接近晚上七點了，怎麼可能騎得完？陷入兩難的大家討論了一會，最後鵬升決定乾脆繼續前進，我們盡全力的趕路，提前在今天就拚到哈密，這樣我們的計畫會提前，明天也可以爭取到在哈密停留一天，在當地旅遊，何況萬一我們真的騎不到，至少還有大藍巴的支援，所以咱們就繼續騎唄。決定好之後，大家就打起精神上路，好在過

了星星峽之後，後面的路段開始進入下坡，體力上的消耗也沒那麼大，我們很快的又騎了大約 50 公里，天色開始變暗，視線不佳，為了安全起見，由大藍巴接續後面的路段，兼程趕路的結果，是晚上 11 點左右才到達哈密的時候。

大家找到住宿的飯店梳洗，然後出門吃飯（這時候已經分不清楚吃的是晚餐還是消夜了，總之，非常非常的餓），我們今天一共前進了 300 多公里，不管是騎車的我們，還是駕駛大藍巴的小孫和靖宇，都已經非常的疲憊。為了讓大家今天能夠好好的休息，所以我們選了一家比較好的旅館，就在哈密車站的正對面，至於明天在哈密停留的行程要去哪裡？管它的，這件事等睡醒了再說～～。

創業啟發：想像和現實的差距

　　年輕一輩的朋友談到創業，常常會有一個現象，就是把創業的過程想得過於美好，倒不是說悲觀地只往負面的方向思考，而是完全忽略了實際執行可能要承擔的風險和問題。

　　舉例來說，很多年輕的朋友會說他的最大夢想是開一間屬於自己的咖啡館，這個想法很棒，但是一個不小心，就會陷入創業陷阱。假如今天我們看到一家有格調的咖啡館，客人絡繹不絕，生意很好，就覺得只要自己也開一家這樣子的咖啡館，就會有很多生意等著上門，於是真的去找了店面，貸款詢價，籌備好一切，開了一間自己想要的風格咖啡館。等到店開了以後，卻發現我的咖啡館開在那裡，卻每天沒有幾個客人，有時更誇張的是一整天都沒有半個客人上門，美其名是咖啡館老闆，實際上卻陷入進退二難、苦撐的地步，沒有營收，每個月的店面租金、水電、人事還是得繼續支付，你說你的夢想是開一間咖啡館，但這樣就真的實現夢想了嗎？

　　除非原生家庭極為富裕，有良好的家世背景或是人脈資源豐沛，否則想要白手創業的人，應該理性去思考分析，創業開店是進入拚搏的開始，勇於跨出這一步是正確的，但是不應該將過程想得太簡單，忽略很多應該要仔細評估、審慎面對的問題；做好最大的努力，做好最壞的打算，夢想本身還有一大段路要走，為了夢想的實現是需要付出代價交換的，不要有太多的美好的憧憬和不切實際的幻想，不然充其量只是在做白日夢罷了。

temperature

MAX   MIN

34°   -3°

DAY 9

6月2日
世外桃源巴里坤──哈密停留

大雪紛飛的銀白色世界

知道今天我們可以多一天的休息，老哥從昨晚開始就一直興致勃勃地跟大家提議，距離哈密大約 140 公里遠，有一個叫「巴里坤」的地方一定要去玩玩，他查過資料，那裡非常的漂亮，是一個哈薩克族的自治區，他說這二天還看到微信上的新聞連結，正好提到我們這幾天的溫度 30 多度，熱得要命，但巴里坤那裡居然現在還在下雪，完全是一個大反差。經過老哥的強力推薦，大家決議不妨去看看，靖宇昨天晚上先跟旅館櫃檯打聽好，知道哈密這裡有巴士可以直接到巴里坤，於是我們今天的行程就這麼訂下來了。

巴士的價錢，機票的規格

大家在飯店一樓的餐廳邊吃早餐邊聊天，這幾天下來，致倫老被其他幾個人取笑，說他很娘，每一次在拍照的時候，他不經意的小動作也被大家拿來消遣，因為致倫看起來就是唇紅齒白，一副玉面小生的樣

在飯店享受早餐

子，和其他四個人站在一起，感覺的確有點吃虧。靖宇好奇的問致倫：

「這幾天大家都一直笑你很娘，你都不會生氣嗎？」

致倫聳聳肩，一副無所謂的樣子回答：

「不會啊，有什麼好生氣的，跟他們四個比起來我是真的比較娘嘛，他們四個根本就是野人了好不好！」

真是後生可畏，一句話就把其他人給回嗆的啞口無言！阿樺邊吃早餐邊說，這幾天的氣候太乾燥，從那天幫老哥慶生完之後遇到沙塵暴開始，他的眼睛就一直很不舒服，先是覺得乾，後來感覺眼球上好像有一層膜，因為太乾了變得有皺摺，很不舒服。所有人都搖頭苦笑，說他真的是中看不中用，出發到現在問題最多的就是他，一下子腳不舒服、一下子眼睛有問題，不知道身體的其他器官是不是使用功能的障礙？鵬升好心跟阿樺說，他那裡有一罐特調的精油，等會兒上去點一下眼睛，可以讓這個不適有效的紓緩。小孫應該是不好意思一直跟著我們這樣玩，讓我們增加不必要的開銷，說他今天不要去巴里坤，自己一個人留在哈密就好，不管我們好說歹說，如何的威脅利誘，他始終不肯跟我們一起去，只能由他了。

早餐之後，大家準備出發，靖宇都打聽好了，巴里坤現在

買客運的車票，要提供證件，像機票一樣的把姓名和個人資料都輸入到車票上

正在下雪，所以我們待會過去剛好可以看到雪。只是我們在台灣打包行李的時候完全沒有料到，來絲路這裡會有這麼冷的氣候，也沒準備什麼禦寒衣物，只好在去坐巴士前，一夥人先到附近的商場找店家買條長褲，不然我們一身短袖短褲的跑到雪地裡，不是交感神經失調，就是頭腦有問題。買完了褲子，我們找到巴士車站去坐車，到巴里坤的車票一張32元人民幣，很特別的是，他們每一張車票都要計名，就像買機票一樣，要把證件都給他登記，然後在票上面會印上每個

人的名字。上了車，還會有車掌小姐來檢查大家有沒有繫上安全帶（而且還會不斷叮囑「被罰錢自行負責」）只差沒有空服員的送餐服務，可以說是巴士的價錢，機票的規格。車子開動了之後，我們發現車子是一路朝著前方的山巒開過去，原來天山的這一側是哈密，巴里坤在另外一側，也就是說要到巴里坤，要穿越過整座的天山山脈才會到達。

六月的天山雪紛紛

天山，這個充滿了神秘感和俠義的地名，所有人對天山的印象，大概都跟武俠小說或電影脫不了關係，「天山童姥」、「七劍下天山」、「天山雪蓮」……，感覺進到天山裡面，要嘛就是會遇到武功高

大雪紛飛的銀白色世界　　　　冰天雪地中，一定要來現一下鐵人的雄壯威武

強的世外高人，要嘛就是可以透過吸取天山的日月精華、或是吃到天山神奇的植物藥草來提升內功。看著車子往山脈的峽谷中直駛而入，心裡有種莫名的興奮感。愈往裡面開，看到的景觀開始慢慢有所不同，先是發現峽谷中有溪流，潺潺的流水很乾淨，清澈可見底，四周的環境恍若置身在台灣花蓮太魯閣的峽谷裡，接著看到山壁由原本一片褐黃的岩頁，開始有有植物的出現，後來更是看到一整片山坡的青草，山坡上也看到很多的羊群在悠閒

的晃來晃去，接著感覺溫度愈來愈涼，兩旁的樹也慢慢變成了只有寒溫帶才會有的針葉林，而且樹上好像結了霜，再繼續往裡面開，發現樹上結的霜愈來愈厚、愈來愈明顯，到後來感覺樹上結的已經不像是霜了，而是雪……。

雪？！是雪？！居然會看到雪？！坐在窗邊的黑皮，興奮地叫其他人看，大家原本聊天的聊天、發呆的發呆、打盹的打盹，這下子所有的注意力全都往窗外看去，車子繼續往前開，路邊的積雪也愈來愈明

顯，接著天空開始飄雪，到後來甚至是漫天的大風雪，從車子裡往外看，雪下得非常大，能見度非常差，外面的景觀從綠色的青草和樹木，變成一片的白，純粹的白，也沒有其他的顏色。所有的東西，不管是車子、房子、山坡、樹木，全部都被白雪覆蓋，在台灣如果不是在特定的天氣裡，去到少數幾個海拔比較高的地方，哪裡會有機會看到雪？更別說是看到這樣滿滿的白雪從天而降，這好像也只有在電視的場景裡才看過這種畫面，這輩子從來沒有經歷過。大家開心的不得了，已經顧不得交通規則了，打開窗戶，直把手伸出去外面，想要感受一下雪飄下來的感覺是什麼（這完全是違規又危險的動作，小朋友千萬不要模仿），不要說允揚這小子看到大雪很興奮，連他爹也沒見過這種雪，整車的乘客連問都不用問，光看我們坐在最後一排，那種手舞足蹈的模樣，就知道這一群人是外地來的觀光客，所有人都好淡定，只有我們特別吵。

在大雪中，所有東西都是

巴里坤的馬路上，可以看到悠閒騎馬的當地人

白的，但道路兩旁的山坡，還是可以看到很多的牛、羊、馬在走動著，這場降雪大到連巴士駕駛的雨刷都來不及刷，看出去就是一片的白茫茫，太震憾了！車子一路開下去，好像漸漸的要走出天山山脈了，雪漸漸的變小，溫度慢慢的上升，到後來兩旁的山坡變緩了，視野變寬了，柳暗花明又一村般的，從哈密出發之後，經過二個多小時的行車距離，我們來到了哈薩克族的自治區：巴里坤。

新疆奶茶鹹不拉機

巴里坤的車站不大，下車之後第一件事，就是先買回程的車票，靖宇在售票口排隊，等著前面的人買完就要換他，但根據我們從旁觀察，前面的人快要買完票的時候，就會神不知鬼不覺地有下一個人默默

的、自然的飄進來，插在靖宇的前面，所以排了快20分鐘，他還是沒有買到票。看看時間，差不多該吃午飯了，我們先去車站對面找店家坐，留阿樺陪靖宇一起買票。對面的一整排

一望無際的巴里坤大草原，和天山另一側的黃土戈壁地形地貌完全不同

老闆和老闆娘一手拉麵的功夫，打的鐵皮桌啪…啪的作響

店家，從外觀招牌上來看，賣的東西好像都差不多，但是其中的一家在店外面有個用紅磚砌的煤爐，煤爐上放著蒸籠正在蒸包子，走近一看，煤爐外面的煤塊好大，散落一地，這讓我們覺得很新奇，就決定進去這家店裡坐下來。點了幾種不同口味的新疆拌麵和新疆奶茶，另外還點了道「虎皮辣子」，點完餐，廚房就傳來了「啪…啪…啪」的聲響，因為老闆開始和麵、搿麵糰、甩麵的時候，麵糰敲擊著鐵桌就發出巨大的聲響。

致倫：「新疆奶茶怎麼是鹹的？」

新疆奶茶送來的時候，允揚喝了一口，就露出了痛苦的

表情，接著致倫喝了一口，也露出了痛苦的表情，原來新疆奶茶是鹹的，其實不難喝，只是一開始不習慣，而且喝到最後才發現，碗底有整片的茶葉，所以會有一種回甘的香味。這家店的拌麵讓每個人都讚不絕口，麵條富有彈性、很有嚼勁，吃得很有 Q 勁，絕對是來到絲路之後，吃過最好吃的麵條，老哥特別跑去問老闆，他這手甩麵的功夫學了多久，老闆很靦腆的笑了笑說：「這個不用學，我們回族每個人都會。」虎皮辣子也是一絕，一支青辣椒快跟致倫的臉一樣長了，一口咬下去，致倫當場慘叫：「啊～～，好辣！」雖然很辣，但這不是人工化學的辣椒醬，這種天然的辣味只有爽可以形容。老闆和老闆娘非常親切客氣，後來我們再度送上鐵人幫的貼紙，

也在他們牆壁上的菜單貼了一張，和他們合影，離開的時候他們還特別走到門外來送我們，這頓中餐吃得真是愉快。

哈密往來巴里坤的客運巴士有固定的時間，班次並不多，靖宇剛才先買好了回程的車票，算起來我們能停留的時間並不很長，所以大家打算去附近一個叫「大漠古城」的地方看看，在車站這裡攔了二輛計程車，和司機大哥討價還價了半天，分乘二輛車出發。這裡的景色真的和天山另一邊的哈密完全不一樣，感覺一座山隔開二個不同的世界。哈密那裡都是黃褐色的碎岩，即使有種樹綠化，範圍也只在馬路二側的一小塊區域而已；但這裡看過去就是草原，非常遼闊的草原，草原是青翠的綠色；晴朗的天空是明亮的蔚藍；遠方的天山山脈，

連綿不絕的山頭有著白皚皚的積雪，司機大哥告訴我們，天山山脈一路下去連接到俄羅斯去。

　　草原上成群的牛、羊、還有馬在吃草，一片恬適祥和的景色，美得就像是一幅畫。車子在馬路上奔馳，道路很直，沒什麼車，兩旁的景物在高速行駛中卻還是一樣的安靜、一樣的美，這跟我們沿途看到的黃沙漫漫實在是差異很大。計程車開了半天，結果這二個司機大哥根本也找不到大漠古城這個景點，載我們來到一個地方，就跟我們說在這附近，正確的位置也不知道，本來我們想下車走到附近找找看，請他們在原地等，又跟我們說要他們等還要另外再收錢，實在是有點無言。大家看看時間，好像也沒那麼充裕，乾脆就再折

回車站去，就當坐計程車來參觀這個大草原吧！

夜市狂舞引來一陣騷動

　　我們回到車站，準備坐巴士返回哈密，問了一下站務人員，待會回程再進天山，能不能放我們到雪地裡跳個舞，讓我們做個紀錄再走？他們說沒問題，要我們上車之後直接跟師傅說就好，所以當巴士又開進了天山山脈，在一片白雪皚皚當中，鐵人幫就下車在雪地裡跳了一段合體的舞蹈，跳了一次不夠，大夥又把上衣脫了，赤裸著上半身在雪地裡再跳一回，還順便拍了照，巴士上的其他乘客好奇地看著我們在幹嘛，有好幾個人也跑下車，走過來我們旁邊看，看到鐵人幫整齊劃一的動作、霸氣十足的

庫爾班和鐵人幫

黑皮看起來就像是烤肉攤的員工，架式十足，完全融入，毫無違和感

鮮嫩的肉串直接放到煤塊上去烤

舞蹈，有人還激動的對著我們豎起大拇指說：「你們眞牛！」

回到哈密，跟小孫會合，晚上去旅館附近的夜市覓食，夜市裡有個烤肉攤的老闆，身材壯碩，戴著頭巾，大聲地放著音樂，粗壯的身體跟著音樂扭動，模樣很逗趣、很可愛，我們就這樣又被吸引到坐下來，這個烤肉攤也是用煤塊直接起火下去烤，烤出來的東西有一種煤特有的香味，眞的很好吃。老闆叫庫爾班，是維吾爾族人，除了烤肉的攤子，後面還有一個店面也是他開的，老闆很大方的讓我們嘗試自己拿著肉串下去烤，鐵人幫這儼然化身烤

肉攤的大廚，我們輪流地站在攤子烤肉，又是一個有趣的體驗。更妙的是，不知道爲什麼開始有人湊到攤子前面來圍觀（是因爲我們長得太帥了嗎？）由於開始有人群聚集，不一會兒連公安都來了，庫爾班笑笑的跟公安解釋了一下，我們也安分地趕快坐回位子上吃自己的東西，不再下去搗亂，最後庫爾班還教了我們維吾爾族傳統表示敬意的手勢（右手掌放在左胸前，掌心向內，向受禮者微微點頭或鞠躬），開心、愉快、充實又有趣的一天。

創業啟發：換個角度看事情

　　心理學上有一些很有趣的測試，一張圖片看起來是圖案Ａ，但是只要從不同的位置或是不同的角度來看，就變成了另外一個圖案Ｂ，創業的過程也是這樣。我們會不斷遭遇到很多挑戰，有的時候會很沮喪，感到很挫折，因為努力了很久，結果卻不盡人意。但是危機就是轉機，如果在這時候能夠試著從不同的立場面對、或是不同的角度思考，往往會有更好的結果。愛迪生當初在發明燈泡的時候，據說曾經測試了1600多種不同的材料，做了6000多種不同的植物纖維的試驗都沒有成功，別人問他失敗了這麼多次為什麼不放棄？愛迪生的回答是：「我沒有失敗，因為我已經知道有1600多種材料不適合拿來做電燈。」

　　有一個人剛開始創業，他想去拜訪一個重要的客戶，這個大老闆很忙，根本不想要花時間見他。他努力嘗試了很多次，卻總是沒辦法見到大老闆，這個創業家不肯放棄，拜託秘書一定要把他的名片轉交給老闆，秘書面有難色的進去，向老闆報告創業家在外面等著，希望無論如何要能跟老闆見上一面。老闆火大了，把創業家的名片撕成兩半，丟回給秘書，從口袋裡拿出十元說：「十塊錢買他一張名片，夠了吧！」

　　誰知道當秘書把撕成兩半的名片和十元銅板遞還給創業家的時候，他開心地大聲說：

　　「請你跟董事長說，十塊錢可以買二張我的名片，我還欠他一張。」隨即再掏出一張名片交給秘書。辦公室裡傳來一陣大笑，這個大老闆走了出來，對著創業家說：「我不跟你這樣的人談生意，還要找誰談呢？」

　　一件事情不會只有一種面相，只要試著換個角度思考，會有不一樣的啟發，產生不一樣的行動，當然就會有不一樣的結果，這是創業家要具備的能力。

temperature

MAX　　MIN

33°　　22°

DAY 10

6月3日
絲路也會鬼打牆——哈密到鄯善

騎乘路線：G312 國道、X515 省道、Z502 省道、蘭新鐵路
今日距離：332 公里

我們的目標是打算要去魔鬼城旅遊，才不過 69 公里而已

早上出發前，我們在哈密車站前面先來拍一張

昨天見識天山的雪，還有巴里坤的美，彷彿穿越了天山，就吸取了日月精華，可以增加一甲子的功力，讓鐵人們覺得神清氣爽，今天吃完早餐要出發的時候，個個精神抖擻。阿樺前一天還在嚷著他的眼球，可能是因為絲路這裡的氣候乾燥，眼球上面好像有一層膜要剝落了一樣，覺得很不舒服，但經過休息之後，也已經好多了。

感覺離開了主幹道，愈走愈偏

我們今天的計畫是從哈密到三道嶺，距離 95 公里，因為里程不長，還有餘力可以再找個地方玩玩。前二天在星星峽的加油站那裡認識的朋友，一直跟我們大力推薦來到哈密，絕對要去一個叫「魔鬼城」的地方玩玩，那裡非常漂亮，我們查了資料，魔鬼城的位置好

像就在今天要前往三道嶺的路程中，所以打算今天經過的時候就去那裡玩玩。

要出發的時候，我們還特別跑到對面的哈密車站拍了照，這是個大站，一定要跟著寫有「哈密」的車站大樓拍照，才有像觀光客的樣子，哈哈哈。騎出市區，來到一個岔路口，鵬升根據手機的地圖指引，發現 G312 國道和 G30 高速公路都可以到目的地，高速公路的路面當然比較平坦好騎，但是里程數比較長；相反的，國道

的路面品質可能較差，但是一方面里程數比較短，二方面國道也比較能看到、接觸到許多不同的人，這樣騎起來有趣多了，所以我們就沿著 G312 國道往三道嶺的方向走。途中看到指標顯示，距離魔鬼城 60 多公里，我們就想說這個方向是對的，就繼續一直往下走。

大藍巴上的補給都已經吃完了，所以出發的時候，靖宇和小孫跟我們走不同的路，他們先去哈密市區幫我們買補給品，後面再來跟上我們。我們

大藍巴終於和我們會合，小孫先切了瓜給我們解渴

一路往魔鬼城的方向騎，一直覺得有二件事很奇怪，第一是為什麼我們跟著路標指示往魔鬼城的方向前進，卻感覺離開了主要幹道的路線，愈走愈偏；第二是為什麼整個早上都沒有見到大藍巴，靖宇和小孫他們跑到哪裡去了？雖然鵬升和靖宇之間的通信沒有斷，一段時間靖宇就會打一通電話過來，但他電話中說大藍巴一直往前追，卻始終沒有看到我們，難道我們經過這幾天的累積，鍛鍊下來的體力，已經快到連大藍巴都追不上了？整個早上就在完全沒有補給的情況下度過，

我們還是很有效率地騎了將近50公里，才終於看到大藍巴的出現，原來靖宇和小孫早上也跑錯路，所以一直沒有追上我們。靖宇他們利用早上的空檔，在採買補給品的同時，向當地人打聽了一下我們接下來幾天行程的相關資訊，發現幾個很大的問題：

一、今天的目的地三道嶺，是一個產煤的礦區，沒有什麼地方可以住宿。

二、明天原訂計畫是：三道嶺到紅山口，距離106公里，但靖宇問了好幾個人，所有人都完全沒有聽過「紅山口」這個地方，都告訴靖宇說三道嶺再過去不到250公里就是鄯善，建議我們直接

去鄯善那裡落腳。

三、前往魔鬼城的路是一條支線，而且是死路，進去到魔鬼城玩完之後要過去三道嶺，還是要再從原路出來，回到 G312 國道。也就是說現在往下騎 40 公里遠，到魔鬼城玩完，還要再騎 60 多公里沿著原路出來，才能轉往目標三道嶺。

怎麼又要回哈密？

這下可好，我們早上已經騎了大約 50 公里了，接下來的路要往哪裡騎呢？今天要在三道嶺落腳嗎？明天要過去紅山口嗎？現在還要再進去魔鬼城玩嗎？

正當大家集思廣益，思考著怎麼安排會比較好的時候，我們停留休息的位置旁邊就是一條鐵路，不時有火車從我們面前行駛過去，有人靈機一動，

提出了一個很棒的建議：「還是我們乾脆去搭火車，直接一口氣衝到鄯善好了！」有機會在這裡搭火車去目的地，應該是一件很特別的事，這個提議迅速地獲得所有人一致的同意。我們趕快又調整了行程，如果我們大家把腳踏車搬上大藍巴，然後去搭火車，由靖宇陪著小孫一起開大藍巴直接上高速公路，大約 330 公里左右的里程，應該可以趕在四個小時左右抵達鄯善和鐵人幫會合。做好決

定之後，下一個面臨的問題是去哪裡搭火車？鵬升這時拿出他的「哀鳳」，請出語音助理 SIRI，問它最近的火車站在哪裡？神通廣大的 SIRI 很快就回覆，有一個「二堡站」，距離我們才 3 公里而已，大家喜出望外，馬上往二堡站的方向前進，想著等下就可以搭上火車，大家不由得又加快了車速。

開開心心地往二堡站前進，走沒多久，前面的路因爲在修路被封了，我們問了旁邊的人家，二堡車站是不是往這個方向去？他們表情疑惑地看著我們反問：

「什麼車站？」

「二堡站啊！」

「這裡沒有車站！」

他們的回應，讓鐵人幫心裡當場響起了周星馳飾演的韋小寶，在《鹿鼎記 2 神龍教》

鵬升和黑皮去探路的時候，旁邊就有一隻騾子

中所唱的那段旋律：

「一句話點醒我夢中人（令ㄊㄟˊ 令ㄊㄟˊ 令令ㄊㄟˊ），嚇得我屁滾尿流失了魂（令ㄊㄟˊ 令ㄊㄟˊ 令令ㄊㄟˊ）」

不會吧？萬能的 SIRI 明明告訴我們這裡有個車站的啊，怎麼會沒有呢？因爲不死心，鵬升和黑皮決定實際前往探路，依據地圖指示轉進路旁的一個小路，果眞見到了鐵路，還有像是車站的建築物和月台，只是全部都用鐵柵欄隔開了，正想左右找找進去的路，就看到一個穿制服模樣的人走了出來，

經過了一整天，騎了 90 多公里，怎麼又回到原地了。

黑皮發現他身上別著「站長」的名牌，詢問之下才知道，這個二堡站是不載人的。再細問最近的載人車站是哪一個站，站長很熱心的說：「你們要去鄯善坐的話，距離這裡 200 多公里；或者你們往哈密好了，那裡近得多，只要 40 幾公里而已。」

繼二天前在星星峽的加油站之後，鐵人幫再度面臨難以抉擇的困境。我們想要搭火車去鄯善，最近的車站看來就是哈密了，問題是我們早上就是從那裡出來的啊，大佬！出發前，我們還特別在哈密車站前拍了照，怎麼這會兒又要回去了？

一口氣挺進了 300 多公里

回去跟大家會合討論，看來也沒有別的辦法，就往回去哈密坐車吧，決定了方向出發，騎不到十分鐘，鵬升的輪胎也破了，這是我們此行第三個換輪胎的。換好胎之後，大家就收起玩心，認真的騎行了，因為搭火車的我們還好，上了火車就沒事了，可是靖宇和小孫還要再開四個小時的車才能到鄯善，愈晚出發，就代表他們愈晚才能到，所以我們可得拚命趕路才行。

於是全速前進趕路之下，大約一個半小時左右，我們就回到了早上出發的哈密車站，看著幾個小時前才離開的地方，

哈密搭動車來到
鄯善北站

我們搭乘的動車

動車上來自拍一張

靖宇和小孫駕駛大藍巴從哈密
開往鄯善，途中經過一碗泉這
個加油站

現在又回到眼前，唯一的不同
是陽光從東邊換到了西邊，我
們騎了90多公里，結果還是在
原地，這真是標準的鬼打牆。
老哥和黑皮跑去哈密車站幫大
家買票，進入車站的時候，要
通過四個不同的安檢門，有 X
光儀器掃瞄，也有人工檢視，
對安全的要求非常高，不過車
站賣票的窗口效率就令人不敢
恭維了，中途不僅一直有人試
圖要插隊，售票員因為每張車
票都要輸入乘車人員的個人資
料，所以花了很多時間，排隊
排了快一個半小時才順利的買
到票。

每個人的票錢是 104 元人
民幣，乘車時間大約 1 小時 50
分，靖宇和小孫確定我們買到
了票，就開著大藍巴先行上路，
我們搭的是動車（就是高鐵），
一定會比他們早到。所以我們
利用時間先上網找好鄯善當地
的住宿，由於我們的打扮和裝
著，在動車上查票的時候，還
被好奇的查票員詢問：「你們
是不是來參加拉力賽的？」到
了鄯善車站，旅館派車來載，
但我們的行李都在大藍巴上，
只能先在旅稍事休息，靖宇他
們抵達鄯善的時候，已經超過
晚上 12 點了。

鄯善的夜市

　　好妙的一天，因為這樣的插曲，我們今天一口氣挺進了300多公里，比原訂的計畫硬是提早二天抵達鄯善，這也意謂著後面的行程，我們可以更悠哉一點，小孫和靖宇開車累壞了，我們特別跟他們說，明天就別早起了，可以有充分的休息，後續的行程要怎麼調整等明天再來打算。我們把行李安頓好，老哥帶著允揚先睡ㄌ，靖宇和小孫也回房休息，鵬升、阿樺、黑皮和致倫硬是到附近的一個夜市吃消夜，還買了水果來吃，才依依不捨的回到旅館睡覺。

創業啟發：凡事都是最好的安排

　　蘋果電腦的創辦人 Steve Jobs（賈伯斯）在他三十歲的那一年，因為和當時的公司執行長意見不合，在董事會的支持之下，他被蘋果公司趕出去，當時有好幾個月的時間，這個事件帶給他很大的打擊，他不知道自己能做什麼，覺得自己是一個失敗者，甚至想要逃離矽谷。

　　但是離開蘋果電腦之後，在接下來的五年之間，他接連創辦了 NeXT（專門製造、開發高等教育和商業市場的軟體公司，後來被蘋果電腦收購）、成立了皮克斯（專門製作電腦動畫的公司，後來被迪士尼收購）、認識了後來的妻子。後來他重回蘋果電腦，把原本已經搖搖欲墜、被微軟打得一敗塗地的蘋果電腦再創高峰。他在 2005 年著名的史丹佛大學畢業演說講稿中明確地指出：

　　「當時我沒發現，但是現在看來，被蘋果電腦開除，是我所經歷過最好的事。成功的沉重被從頭來過的輕鬆所取代，每件事情都不再那麼確定。我得到釋放，進入這輩子最具創意的階段之一……。我很確定，如果當年蘋果電腦沒有開除我，這些事情就不會發生。」

　　創業家面對各式各樣的挑戰，客戶的拒絕、同行的競爭、市場的變化，很多不可預期的問題會發生，有時碰上難以掌握的突發狀況，讓人措手不及，也許一不小心就造成了損失和打擊，問題發生的當下，眼前的挫敗，可能讓我們萬念俱灰，覺得難以接受，但伴隨而來的卻往往是你意想不到的幸運，如果讓自己輕易的陷入情緒起伏當中，反而可能錯過翻身的機會。

　　凡事做最好的準備，做最壞的打算，把該做的事情完成之後，盡人事、聽天命，坦然接受結果，不需要患得患失，因為每件事情的發生，都會是最好的安排。

DAY 11

6月4日
跨越千年的傳統婚禮──鄯善停留

麻扎村全景　　　　　　　　老哥準備的愛心早餐，一人一份

鄯善就是古代的樓蘭國，以前聽過樓蘭公主柔美的愛情故事，原來就是在這個地方。昨天晚上靖宇和小孫開了很長的一段路從哈密過來，到鄯善的時候已經超過午夜 12 點，我們想說讓這二個專門負責鐵人幫後勤補給的支援部隊，可以把精神養好，今天就不訂早上的集合時間，這樣他們可以好好的休息，不用早早起床趕行程。想不到老哥依舊一大早就起來，他先帶允揚到附近吃早餐，然後貼心的幫每個人都外帶了一份（豆漿、包子、油條、茶葉蛋四樣，每個人都一份，

超豐盛的）。

壯觀的大峽谷

醒來之後看到房間的桌上放著早餐，那種溫暖的感覺簡直就要落淚了。悠閒的吃完早餐，大家開始研究今天要到哪裡去走走，詢問了一下旅館老闆，再參考查了些資料，這裡和敦煌不同，沒有那種當地的地陪導遊或是十人座的廂型車可以租用，所以後來就包了二輛的計程車，挑了二個當地很著名的景點去玩。

司機大哥首先帶我們去的

地方叫「吐峪溝」，那是距離鄯善大約 50 多公里的一個地方，也是一個佛教和伊斯蘭教

我們包了二輛計程車，去跑當天的行程

共同的聖地，也有一個千佛洞。從市區上了高速公路，我們在路邊看到許多的葡萄園，師傅說舉凡天山山脈的融雪有流過的地方，就會有小綠州，只要有小綠州，就一定會有鄯善的二個名產：瓜類和葡萄。在葡萄園的旁邊，幾乎都會看到許多用土磚砌成，像倉庫一樣的房子，牆壁上都是一個洞一個洞的很有特色，司機大哥跟我們解釋，那是他們這裡用來自然風乾葡萄，製作葡萄乾的地

方。除了這種曬葡萄乾的房子之外，還看到許多大型的探勘機器遍佈，原來這裡除了葡萄之外，還盛產煤和石油，真的是一個自然資源非常豐富的好地方。只可惜這個季節還不是葡萄收成的時候（大約八、九月的時候成熟），不然我們就可以吃到這裡的特產，又甜又美的各式葡萄了。

吐峪溝是火焰山系的一部分，這個地名，在維吾爾族的語言裡代表的是「不通的路」，過去必須要翻山越嶺才有辦法和外面聯絡，直到 1992 年才開了對外的連外道路，那裡的地

民俗的活化石：麻扎村

麻扎村的千佛洞,這邊的洞窟中有很多壁畫、佛像都已經遭到破壞,沒有保存好,實在有點可惜

形是一個非常壯觀的大峽谷,整片峽谷很陡峭,寸草不生,致倫和阿樺形容這樣的景觀就像是被上帝的手抓傷了一樣,非常的漂亮。我們穿過大峽谷,來到這裡著名的古老的維吾爾族村落:麻扎村,根據大陸當局考古學家的研究,這個村落距今已有 1700 多年的歷史,到現在還有 65 戶、370 多人的居民,清一色的全都是維吾爾族,到現在都還維持傳統維吾爾族的文化和生活習慣,村子裡沒有鋼筋水泥,住的全都是生土建築,號稱是民俗的活化石!

吐峪溝麻扎村是一個伊斯蘭教和佛教文化共存的地方,當地的維吾爾族人信奉的是伊斯蘭教,村落裡面有清真寺,但在村落 500 多公尺的旁邊還有從兩晉十六國時代開鑿的千佛洞,裡面的地形都是風化的

岩石塊,當地人稱之為大峽谷,只可惜洞窟裡的一些壁畫或雕

婚禮上的音樂，都是用最傳統的鎖吶和皮鼓
敲擊出來的

鐵人幫全都被邀請下去一起跳舞同歡，沾沾喜氣

像都已經被氣候風化和人為破壞，不像敦煌的莫高窟保存的這麼完整。

　　大家在這裡邊走邊看邊拍照，我們的運氣非常好，居然在這一天遇上了村裡面有二戶人家在娶媳婦，過去只有在《大陸尋奇》這樣的節目裡，才有機會看到像這樣特殊的民俗文化，我們卻有機會親身參與其中。他們的婚禮進行時間很長，從早上一直到下午，所有的親朋好友全都聚集在一起，女生都穿著很鮮艷的傳統服飾，男生的穿著就比較一般，和漢人沒什麼二樣。他們會伴隨著用嗩吶和皮鼓敲擊吹奏的傳統音樂下去跳舞，跳的就和老哥生日那天中午吃飯的新疆拌麵店老闆跳的是一樣的舞步，不管是小孩還是大人，全都輪流下去跳舞，後來村民很熱情的把站在旁邊圍觀的鐵人幫全都拉下去一起跳，連靖宇和小孫也都下去跳了，感覺非常的歡樂，也分享了婚禮的喜悅，我們跳完之後，就換伴郎伴娘，以及新郎新娘下去跳。

葡萄美酒夜光杯

　　當天的新人年紀都很輕，

參加婚禮的麻扎村的女性都穿的
很鮮艷的傳統服飾

麻扎村的小光頭兄弟

黑皮完全融入麻扎村的居民，實在好像當地人

維吾爾族的女生非常漂亮，這個新娘才 18 歲，深邃的眼睛、細嫩的皮膚，還有標致的五官，面貌看起來就好像是東歐的人一樣，彷彿是洋娃娃般的美麗，至於新郎，雖然才 24 歲，但從外貌看起來，年齡的感覺反倒像是新娘的叔叔，難怪新郎新娘在跳舞的時候，新娘的臉會這麼臭。鐵人幫的這幾個傢伙見狀，七嘴八舌的討論著：

「你看那個新娘看我的眼神，好像是在跟我求救一樣……」

「我有感覺到她在呼喚我，叫我帶她一起走……」

「剛才坐在新娘旁邊的那些姊妹，左邊數過來第二個，我看她從頭到尾都在偷瞄我……」

「等下我們會不會走不出去，因為這邊的女生會希望我留在這裡陪伴她們……」

嗯，可以了，這群喜歡自作多情的傢伙，還有下一個景點要去呢，別再幻想了！

離開吐峪溝，接著又去庫木塔格沙漠，那裡號稱是全世界「距離城市最近的沙漠」，除了在敦煌看過鳴沙山的沙，這是我們此行所看到的第二片沙漠。鳴沙山的沙漠的沙子比較白、也比較細；而這裡的沙

在庫木塔格沙漠裡發現
中東王子？

沙漠中喝啤酒，清涼消
暑，太過癮了

庫木塔格沙漠裡的駝鈴

子顏色比較深、也比較粗一些；以面積來看，庫木塔格沙漠的面積比鳴沙山大上許多。我們先在外面吃了西瓜才進到沙漠的景區，搭上景區的觀光導覽車，到裡面繞了一圈約6公里，這一次我們還是拍了非常多裝模作樣、假掰耍酷的照片，還到裡面的販賣部買了啤酒，頭一次享受在沙漠中喝啤酒的暢快。

今天的行程很放鬆，玩得也不累，也不趕時間。晚餐的時候還特別點了在當地很有名的大盤雞，顧名思義，就是很大一盤的雞，究竟有多大盤呢？大約有四個人的臉那麼大，它是把雞肉下去連著蔥、青椒、辣椒、馬鈴薯、還有一些香料下去炒，很下飯的一道菜，吃得很過癮。鄯善這裡產葡萄，葡萄酒非常的有名，所以鐵人幫也決定買二瓶葡萄酒寄回嘉峪關去給于哥和陳哥，感謝他們那二天對我們的熱情招待，除了送他們的之外，鐵人幫自己也買了一瓶，大家回旅館裡馬上打開，邊喝邊聊天，一直到晚上12點左右，大夥才紛紛回房休息，好好養精蓄銳，準備明天要來好好挑戰一下，跟著西遊記師徒一行人的腳步，勇闖火焰山！

創業啟發：簡單的事重複做

2013 年的世界桌球錦標賽，莊智淵和陳建安拿下了男雙金牌，這是台灣在世界體壇桌球史上所得到的第一面金牌，也打斷了中國隊在桌球世錦賽男子雙打十連霸的紀錄，所以受到國際媒體的報導與重視。在接受專訪的時候，莊智淵提到了他的奪金秘訣就是：「相同動作重複練！」

2014 年的仁川亞運，年僅 23 歲的許淑淨在女子 53 公斤級舉重比賽中，以總成績 233 公斤獲得金牌，同時一舉打破世界紀錄。教練蔡溫義說，許淑淨每天的訓練量，相當於扛起一輛 20 噸重的卡車。為了練舉重，她的二隻手掌結滿了厚繭，就是靠著這樣每天重複的苦練，讓她得以拿到這樣的榮耀。

電影《食神》當中，最後在第二十八屆超級食神大賽的那場戲中，唐牛向裁判抗議史提芬周學他，擔任評審的薛家燕回答：「比賽就是這樣啦，好像跑步游泳一樣，還不是你做什麼他做什麼，有什麼好抗議的？抗議無效！」

美國心理學家研究發現，一種行為重複執行 21 天，就會變成習慣。創業和上班工作不同，沒有人會盯著你，再沒有規定的上、下班時間，再沒有辦公室繁文縟節的要求，因為你就是老闆，你必須提醒自己，每天重複地做該做的事，這些事每一項看起來都很簡單，但是你須要重複不斷地做，因為當你不斷重複該做的事、正確的事，你就會不斷地往想要的方向前進，而此時也就離成功不遠了。

temperature

MAX 54°

MIN 29°

DAY 12

6月5日
火焰山的鐵扇公主——鄯善到吐魯番

騎乘路線：G30 高速公路、G312 國道
今日距離：101 公里

前一晚老闆借我們洗衣機，我們把所有衣服
洗好曬在外面，一個晚上就全乾了

後方的天山山頭都是積雪，前方的火焰山光
禿禿的一片，壯闊特殊的自然景觀

騎了十多天的車，每天到達目的地的時候都已經是兵疲馬困，吃完飯洗好澡，往往都已經快到半夜了，此時還要把當天的髒衣服、襪子洗好再休息，其實真的很累人。好在鄯善這邊的旅館老闆很好心，昨天晚上慷慨的把洗衣機借給大家使用，還不收費，鐵人幫們紛紛把上衣、車褲、頭巾、袖套、襪子這些衣服拿出來洗過，晾在旅館的曬衣架上，早上醒來去收衣服的時候，雖說因為晚上風大，有一些都被吹到地上，但至少全都已經乾了，讓大家又有乾淨的衣服可以穿。

愈接近火焰山，溫度愈高

一早大夥兒在旅館前整備好出發，騎不到 300 公尺，阿樺就大喊：「我破胎了！」他的前輪整個沒氣，大家只好再折回旅館前面，靖宇幫他更換前輪的空檔。這是繼黑皮、致倫、鵬升之後，第四個在路程

地面溫度實在太高，連外胎都破掉了

太熱啦，爆胎啦

中爆胎的人，換好輪胎再出發，今天要沿著 G30 高速公路一路前進到吐魯番，途中將會經過《西遊記》當中，鼎鼎大名的火焰山，大家都覺得很期待，不知道傳說中的火焰山，到底是什麼模樣。

早上的騎行速度還是很快，大家的體能狀況很好，但是今天的太陽很大，非常非常的熱，這跟西遊記當中所描述唐僧一行人的狀況很像，因為愈接近火焰山，溫度愈高。騎了二個小時左右，阿樺和致倫跟大家

愈離愈遠，到後面已經完全看不見人影了，為了安全起見，鵬升、老哥、黑皮和允揚在前面的一座陸橋下停駐，等待另外二人跟上，不過等半天還是沒動靜。後來打電話給靖宇和小孫，請大藍巴繞回頭去看看，他們是不是有什麼需要協助的，果然看到阿樺和致倫ㄅㄧㄠˊ在路邊，滿面愁容，原來阿樺又爆胎了！靖宇幫忙處理好之後，大藍巴就往前開到其他四個人暫停的陸橋下，等阿樺和致倫跟上，這一等又是 20

分鐘過去，大家對於短短的路程，他們怎麼會騎這麼久開始議論紛紛，揣測是怎麼回事？遠遠的看到他們二個人牽著車，徒步的走著，走到陸橋下的陰涼處，阿樺一臉無奈的大喊：「靠～～，又爆胎了！」

這下子把大家都笑壞了，為了要來挑戰絲路，阿樺特地在他的腳踏車龍頭上裝了一個很可愛的公仔，是《海賊王》裡的第一艘船：黃金梅莉號，希望海賊王的精神帶領他，讓他可以像魯夫一樣在絲路上順利的征戰，尋找傳說中的空島，平安完成這趟旅程。只是出發到現在，這一路上阿樺不是腳痛，就是眼睛痛，問題特別多，

大家擠在高速公路陸橋下的陰影，靖宇在辛苦的幫忙換車胎，這是阿樺的第三次爆胎了

連路標都告訴我們，柏油路上的溫度很高，有爆胎的可能

所以鐵人幫的其他哥兒們嘴巴很壞，都笑他帶的這個公仔和海賊王的那艘不一樣，海賊王裡的是「梅莉號」，阿樺車頭的這艘是「沒力號」，所以他才會這麼沒力。他的車前幾天都沒有什麼問題，但光是今天早上就已經爆了三次胎，一舉超越所有人的紀錄，把大家都遠遠甩在後面，真是了不起。靖宇在更換輪胎的同時，仔細的做了檢查，原來阿樺的外胎已經被割破了一個很大的洞，今天的太陽非常烈、非常熱，路面被烤得溫度很高，外胎因

梅莉號真的沒力了

為破了，內胎沒有辦法承受路邊的高溫，所以一直爆裂。靖宇把外胎和內胎一併換了，這才讓梅莉號得以重新上路，我們在下午一點多的時候，終於抵達火焰山風景區。

光禿禿一片，連根草也沒

火焰山這裡是一個非常特

沙漠裡很常看到死羊的屍體，大自然的物競天擇犰無情，從這裡可見一斑

殊的地方，根據風景區內的介紹概要指出，火焰山是 7500 萬年的中生代形成的，因為地殼的橫向皺摺而隆起，地貌呈現紅褐色。這裡一整年的降雨量才 16.6 釐米，但一年的蒸發量達到 3000 釐米，可見這裡有多

麼乾燥。火焰山放眼望去是光禿禿的一片，不要說是樹了，就連一根草都看不到，夏季由於太陽長時間的照射，地表溫

要進去風景區裡參觀，我們見停車場旁邊有幾間小店可以吃東西，於是直接到小店裡，想說邊休息，邊解決午餐。

好吃的涼皮，爽口開胃

實在是太熱啦，大家熱到必須要用舌頭散熱了

度平均 70 度，最高甚至可以達到 83 度，這個數字真是令人咋舌！由於火焰山這裡除了頁岩地形之外，沒有任何的植物，真的沒有什麼天然的景色可以欣賞，所以這個風景區就只是根據西遊記的情節所打造的人造景觀，像是「三借芭蕉扇」的雕像，金箍棒造型的火焰山溫度計等等，大家覺得這樣的東西沒什麼好看的，就決定不

店不大，只有二、三張小圓桌，老闆娘一個人在賣涼皮和一些簡單的小點，我們每個人點了一份涼皮，天氣實在太熱，當下其實我們都熱到沒有什麼胃口，一點飢餓感都沒有，但是她的涼皮真的非常好吃，滑順清爽，在外面這麼烈的太陽下，吃了二口就感覺胃口大開，三兩下就把一大盤的涼皮給喀掉，老哥邊吃邊讚嘆，意

吃完涼皮,再請老闆娘幫我們切西瓜

猶未盡的又接著點上一盤,其他人看他吃得這麼盡興,味蕾好像也醒了,每個人幾乎都吃了第二盤,還點了茶葉蛋。老闆娘也熱情地和我們聊起天來,原來她不是當地人,是嫁到吐魯番這裡,然後在這裡做生意,吃完涼皮之後,小孫又到車上拿了一顆西瓜,請老闆娘幫忙切,在這麼熱的環境裡還真的只有像涼皮、西瓜這樣清涼爽口的東西才吞得下去。老哥一直不停地誇讚涼皮好風味,後來被我們大家拿來說嘴,說這個老闆娘是火焰山這裡的鐵扇公主,把老哥迷得團團轉,但平心而論,這家店的涼皮真的是非常非常的好吃。

風景區的說明指示牌說,這裡夏天的溫度最高可以到83度,外面熱成這個樣子,我們真的很好奇現在究竟是幾度?黑皮戴的手錶可以感應環境溫度,他就把錶拿到室外靜置,來實際測試一下,只見錶上的讀數開始不斷的向上增加,如果這是股票市場的即時指數,相信會有很多人連作夢都會笑醒。數值從41度起跳,不斷攀升、不斷攀升,黑皮和鵬升還把過程即時錄影,看著手錶上的讀數發出陣陣的驚呼,愈來愈多的人跑來圍觀,都想知道溫度最後會停在那裡,41度……42度……42.8度……43.1度……43.6度……44.3度……44.5度……44.9度……,隨著數值的變化,所有人屏息以待,那個畫面看起來就好像威力彩

靖宇帶的單車碼錶測到的溫度更恐怖

開獎的時候，一群人盯著電視等著開出來的中獎號碼一般的緊張刺激，沒過多久，錶面上的數字慢慢減緩了增加的速度，到最後顯示的溫度結果是……54度！！！

迎面而來的是熱風

難怪會這麼熱，即使是在亞熱帶的台灣，炎熱的夏天也從來不曾出現這種數字。靖宇另外也有帶了一台自行車的碼錶，同樣可以測量溫度，那個碼錶測出來的結果更恐怖，高達64度，致倫的手機被曬到發燙，熱到根本沒辦法握住，直

接在螢幕上顯示「因手機溫度過高，系統無法操作，請先將手機降溫」，把車上的車壺拿下來要喝水，水壺裡的水都已經變成是燙的，這個時候站在太陽下久一點都會覺得發昏，更不要說是騎車了，所以我們只好待在涼皮的小店裡休息，等溫度稍微降一點再前進。

休息了一會兒，停車場開進來二輛車，下來的是幾個大男生，看起來也是來旅遊的，他們見到鐵人幫的一身打扮，還有允揚這個小男生跟我們一起，好奇的主動攀談，詢問我們是從哪裡來？要去哪裡？跟我們聊了起來，一聽到我們是台灣來，騎腳踏車征戰絲路，他們非常驚訝，一直說我們很厲害，他們剛好也是五個男生，有來自廣東汕頭的、有來自新疆烏魯木齊的，他們是開車旅

維吾爾族的朋友跳了一段
雙人舞蹈，和我們以舞會
友

火焰山交到新朋友，英雄
惜英雄

火焰山景區的說明牌

這幾個大男生拿到鐵人
的貼紙，立刻貼到車頭

遊，和我們的騎車不同。我們又拿起鐵人幫的貼紙來當小禮物，送給他們，他們拿到貼紙，馬上就貼在手機上，有人貼在轎車車頭的水箱護欄上，還有一個貼在方向盤的廠徽上。二群人馬聊著聊著，不知道怎麼的又尬起舞來，鐵人幫先是跳了一段他們五個人的合體舞蹈，然後對方也有二個人（很巧！跳舞的這二個也是維吾爾族的，所以這幾次的經驗足以證明，維吾爾族的朋友是多麼的能歌善舞、熱情大方）跳了一段雙人舞蹈，在火焰山的高溫下，以舞會友，這又是一段足以拿來說嘴的特別體驗。

在火焰山風景區坐到大約四點左右，外面的溫度還是熱得受不了，但是大家覺得與其在這裡一直坐下去，不如直接先趕到吐魯番再好好休息，況且火焰山風景區距離吐魯番不到 30 公里，忍耐一下就到了，所以還是繼續出發。接下來的路程，騎得非常、非常、非常的痛苦，雖然已經不是正午時分，但溫度還是一樣非常的炎熱，迎面而來的風是熱的、吸進肺裡面的空氣是熱的、頭頂

火焰山上的五隻潑猴

上的陽光是熱的、腳下的柏油
路因為高溫曝曬，更是不斷散
發熱輻射，我們就像是躺在鐵
板燒的煎台上，那塊慢慢被煎
熟的牛排，就這樣在平均超過
41度的狀況下，緩慢又痛苦的
騎著車，這是什麼樣的概念呢？
很多人去游泳或是洗三溫暖的
時候，會進去烤箱裡烘一烘，
通常我們在烤箱裡面待個五到
十分鐘，就該出來外面透透氣、
散散熱，但想像你現在要被關
在烤箱裡面不打緊，還要全身
穿著車衣、車褲、包著頭巾、
戴著袖套，在裡面騎車，不停
的騎車，無處可逃，就是這種
感覺。

第一件事就是洗個冷水澡

我們打從嘉峪關出發之後，
這一路上的騎乘，每次都是連
續騎20公里左右暫停一下，喝
口水，吃點補給品再繼續騎，
但是這個溫度讓我們的身體感

覺非常吃不消，大約騎個6、7
公里就有點騎不下去了，偏偏
這火焰山脈延伸將近100公里，
寸草不生，完全沒有樹木可以
乘涼，只能停在路邊，頂著曬
著炙烈的陽光趕快補充水分，
再繼續掙扎著上路。偶爾看到

進入吐魯番市之前又碰上的沙塵暴

路邊有大型的里程指示牌，我們就像中了樂透似的，全都擠到指示牌下面那一塊小得可憐的陰影裡躲一下，從火焰山到吐魯番，短短不到 30 公里的路程，我們騎了二個多小時才騎完。抵達吐魯番的時候，我們還遇到了一段小小的沙塵暴，大家好不容易在吐魯番搞定住宿的地方之後，第一件事就是衝進去浴室洗個冷水澡，讓一身的熱氣可以排解一下。

火焰山果然名不虛傳，當年吳承恩應該是有親自走過一趟絲路，才能把唐僧師徒一行被困在火焰山的熱浪中動彈不得的情節寫得這麼傳神，鐵人幫挺過了火焰山的考驗，雖然沒有遇上牛魔王，但大家事後回想，都開玩笑的說，在火焰山風景區賣涼皮的那位老闆娘應該是鐵扇公主，因為她的涼皮讓我們身體降溫了許多，老哥如果當時有跟她商借芭蕉扇來搖個二下，說不定我們下午的路程就不會這麼辛苦了。晚上吃飯的時候，我們特別點了冰啤酒（當然，吐魯番的啤酒照例是不會冰的，不過大概是因為離火焰山比較近，這裡有提供冰塊），喝著冰啤酒，一整天下來的暑氣全消，痛快！

成功通過火焰山，乾一杯慶祝一下

創業啟發：不要害怕失敗

有一個人，他的一生不斷地在歷經失敗和不幸。

5 歲時，他的父親突然病逝，沒有留下任何財產。母親外出做工。年幼的他在家照顧弟妹，並學會自己做飯。

12 歲時，母親改嫁，繼父對他十分嚴厲，常在母親外出時痛打他。

14 歲時，他輟學離校，開始了流浪生活。

16 歲時，他謊報年齡參加了遠征軍。因航行途中暈船厲害，被提前遣送回鄉。

18 歲時，他娶了個老婆。但只過了幾個月，老婆就變賣了他所有的財產逃回娘家。

20 歲時，他當電工，開渡輪，後來又當鐵路工人，沒有一樣工作順利。

30 歲時，他在保險公司從事推銷工作，後因獎金問題與老闆鬧翻而辭職。

31 歲時，他自學法律，並在朋友的鼓動下幹起了律師行當。一次審案時，竟在法庭上與當事人大打出手。

32 歲時，他失業了，生活非常艱難。

35 歲時，不幸又一次降臨到他的頭上。當他開車路過一座大橋時，大橋鋼繩斷裂。他連人帶車跌到河中，身受重傷，無法再幹輪胎推銷員工作。

40 歲時，他在鎮上開了一家加油站，因掛廣告牌把競爭對手打傷，引來一場糾紛。

47 歲時，他與第二任妻子離婚，三個孩子深受打擊。

61 歲時，他競選參議員，但最後落敗。

65 歲時，政府修路拆了他剛剛紅火的快餐館，他不得不低價出售了所有設備。

66 歲時，為了維持生活，他到各地的小餐館推銷自己掌握的炸雞技術。

75 歲時，他感到力不從心，因此轉讓了自己創立的品牌和專利。新主人提議給他 1 萬股，作為購買價的一部分，他拒絕了。後來公司股票大漲，他因此失去了成為億萬富翁的機會。

83 歲時，他又開了一家快餐店，卻因商標專利與人打起了官司。

88 歲時，他終於大獲成功，全世界都知道了他的名字。

他，就是肯德基的創始人：哈倫德‧山德士。不要害怕失敗，因為所謂的成功，只是多站起來一次而已！

temperature

MAX MIN

37° 24°

DAY 13

6月6日
海平面以下的城市──吐魯番停留

以前在地理課本中讀過，吐魯番盆地是中國地勢最低的地方，其中有部分面積的海拔甚至低於海平面，也就是說我們等於是在水底下走路，這感覺還真是有趣。我們昨天抵達吐魯番，在尋找住宿地點的時候，因緣際會地認識一家在「錦鏽金華」酒店當銷售經理的海濤哥，他幫我們安排了很不錯的房間，還給了我們一個很低的折扣，讓我們住得很舒適，而且他承包了吐魯番市最高級的吐哈石油大廈一樓的咖啡廳，自從出發那天，在廣州機場和星巴克錯身而過之後，我們已經快二個星期不知道咖啡是什麼滋味了，大家體內的咖啡癮都犯了，就在討論說今天要找機會去海濤哥那裡喝咖啡。

因應高考暫停營業

由於我們從哈密搭動車到鄯善，進度超前了二天，所以我們今天一樣選擇在吐魯番停留。問了幾個當地人，每個都說一定要去吐魯番博物館看一看，經過了敦煌和鄯善的人文洗禮，鐵人幫們現在不可同日而語，已經不是沒有文化底蘊的大老粗了，所以我們就決定今天待在吐魯番市內，走走晃晃就好，也去參觀一下吐魯番博物館，反正距離我們住的地方很近，走路大約半個小

大街上炒葵瓜子，香氣逼人

穿著夾腳拖不能進入博物館，殘念！

時以內可以到。吃完早餐，大家一派輕鬆，穿著短褲、夾腳拖就出發了，剛走出旅館，就聞到撲鼻而來的一陣香味，原來人行道上有小販用烤箱在現炒葵瓜子，那個香氣實在是讓人忍不住駐足停留，我們看了一會，馬上就買了一包。大家慢慢逛到吐魯番博物館，想來好好的陶冶一下，但是在門口卻被警衛給擋了下來，我們以為是要去買票才能進去參觀，問他們要去哪裡買票，警衛搖搖頭，手指了指我們的腳，很酷的不發一語。我們當下還沒意會過來，再問了一次，他才開口說：「穿拖鞋不行！」

鵬升不死心的追問：「穿拖鞋不行，那我們把拖鞋脫掉可以進去吧？」

結果呢？哪有什麼結果，警衛瞪了他一眼就不再理會，這種白目問題，沒害我們被公安抓走就不錯了！我們是來搞笑的嗎？鐵人幫一路上怎麼都在出包？無奈之餘，只能轉戰去喝咖啡，被博物館禁止進入，大夥還在落寞

當中沒有回神，天空這時候居然又下起雨來，大家開始有點小小的抱怨，怎麼好端端的會下雨嘛，鵬升二話不說，從包包裡拿出了他的黃色防雨外套……，對！沒錯，亮點出現了，就是他的那件黃色的防雨外套，像雷神之槌可以控制雷電一樣的具有特異功能，只要他帶著這件外套就會下雨，真不知道他沒事帶在身上要幹嘛。

好在雨還不算大，我們當作是浪漫的雨中散步了。走著走著，看到路邊的店家有很多都拉上了鐵門，沒有做生意，門上大都貼了告示，好奇的湊上去一看，幾乎都寫著「因高考關係，暫停營業三天」，我們一直覺得奇怪，高考和營業有什麼關係，後來看到電視新聞的說明，才知道原來這裡的高考，就相當於台灣的大學指考，是一個非常重要

的全國性考試，2015 年中國大陸總共有 942 萬人參加高考（如果你好奇的話，同樣在 2015 年，台灣的大學指考人數還不到 6 萬人，可見得這裡是多麼高度競爭的環境），許多考生應考之外，還有家長會一同陪考，難怪會有這麼的店家在這幾天暫時歇業，因應考試。

總算解了大家的咖啡癮

到了吐哈石油大廈，剛好看到一堆人熱熱鬧鬧的在迎娶，我們的運氣真的太好了，在吐峪溝就已經遇了上維吾爾族的傳統婚禮，這會兒又讓我們遇到新娘子了。這群人也很有意思，一輛賓士車充當新娘車，車頭牽了一條長長的紅帶子，一個歐吉桑和一個歐巴桑，身上也綁著紅帶子，頭上左邊一個大紅的緞帶、右邊

鐵人幫巧遇回族娶新娘的儀式，前面拉車的是新郎的爸爸媽媽，要讓家人把自己畫成大花臉，愈誇張愈好

一個大紅的蝴蝶結，臉上被口紅畫得這裡一塊紅、那裡一塊紅的，更奇怪的是我們瞄到這二個人的胸口都別著牌子，分別寫著「父親」和「母親」，他們走在車頭前面，拉著紅帶子，作勢拖著車往前走，就這樣一路從飯店外面走進大門，然後禮車的門打開，新娘子在眾人的簇擁之下進了飯店的大廳。

在旁邊目睹整個過程，大家覺得熱熱鬧鬧的非常有趣，找到了大廳的咖啡廳，服務生招呼我們的時候，順便詢問他們剛才這

個動作是什麼意思？她跟我們解釋說，這是回族人娶老婆的一個儀式，在前面拉車的是新郎的爸爸媽媽，也就是公公婆婆，他們在娶媳婦這一天，要讓家人把自己畫成大花臉，愈誇張愈好，代表他們很高興，過去的迎娶是用牛車，他們就會在新娘快到的時候，出來拉著牛走進他們家，象徵歡迎他們家的新成員，現在沒有用牛車迎娶了，所以就改把紅帶子綁在車頭前面，做個樣子意思一下。

我們參與了維吾爾族的婚禮

儀式，也看到了回族怎麼迎娶新娘，不同文化的意涵，同樣的喜氣洋洋。坐在大廳的咖啡店邊喝咖啡，邊嗑著剛才出發的時候跟小販買的葵瓜子，今天總共有二對不同的新人在這個飯店舉辦喜宴，看來是個好日子。這裡的請客和台灣有個不同的地方，他們的新郎新娘是在喜宴開始前，站在門口迎賓；而台灣的喜宴則是在吃完飯後，新郎新娘站在門口送客。我們一人點了一杯曼特寧，總算是解了大家的咖啡癮，在咖啡店裡坐了一個多小時，才跑去吃飯。午飯後，鐵人幫的五個傻B先回旅館去換鞋子（要穿鞋子

博物館裡有展出乾屍

才可以進博物館參觀啊），靖宇和小孫就帶著允揚先進去博物館參觀。

台灣粉絲團回傳旅程影片

　　早在西漢時期，吐魯番這裡就是車師國的所在地，隨著歷史的洪流，高昌國、察合台汗國也分別在這裡有過一段輝煌的過去，由於這裡是古絲綢之路的重鎮，往來西域都要經過這個地方，所以伊斯蘭教和佛教的文化在這裡都非常的興盛。博物館裡大部

在吐魯番終於解了咖啡癮

分陳列的都是吐魯番當地出土的文物,或是曾經在這裡活躍的文明所留下來的相關紀錄,包含了器皿、工具、服飾、書籍、各種經典(伊斯蘭教和佛教的都有)、碑文、甚至還有乾屍,館藏非常豐富。進去參觀之後才發現,原來可以追溯到六、七千年前的石器時代,這裡就已經有人類在活動了,真的是一個多元文化色彩,而且歷史悠久的地方。

離開博物館的時候,經過一個步道,頭上有許多的植物藤蔓,抬頭一看,成串成串未成熟的葡萄都已經結果,這裡果然是盛產葡萄,走在路上居然隨便都看得到這麼的葡萄。吃完晚餐,時間還早,大家提議要去按摩紓壓,解放一下這幾天騎車所堆積的乳酸,好好放鬆一下,老哥帶著允揚先回房間(允揚一直急著想回去看《奔跑吧兄弟》),黑皮說他要上樓洗衣服(其實是因為怕癢,不敢去按摩),小孫說他不想按摩,也要回去休息,所以後來兵分二路,四個回旅館,四個去按摩。

按摩完的那幾個回到旅館裡,剛好接到粉絲團的小編熙懷傳來一個連結,原來是遠在台灣,我們的一群創業夥伴,把鐵人幫從出發的第一天開始,每天在粉絲團上傳的照片擷取起來,做成了一段影片來給我們,要幫遙遠的我們加油打氣。雖然我們大約還要三天左右,才會到達終點,但是看著前面幾天我們傳回台灣的照片一幀幀的打出來,配合上夥伴們自己錄製的加油聲,鐵人幫看了都感動不已。廣告才子孫大偉,曾經在接受專訪時說過:「夢想的可貴是能夠吸引更多的夢想」,也許透過這一趟旅程,有更多人的夢想也跟著被啟發了,那是何種美好的事啊!

創業啟發：趨勢在哪裡，哪裡就有商機

　　柯達公司創立在 1880 年，在過去整整一個世紀，曾經是影像產業的龍頭霸主，但是由於數位裝置、數位媒體的興起，柯達不敵這樣的數位科技浪潮，在 2012 年宣告破產。

　　諾基亞曾經是連續 14 年全球手機市占率第一名的品牌，由於未能及時在移動裝置、智慧型手機的領域跟上市場的變化，在 2014 年被微軟併購，品牌走入歷史。

　　環境不斷在改變，趨勢也在改變，如果不能適應環境的變化，很容易就會像上述二家公司逐漸的被淘汰，如果想要創業，一定要掌握即時趨勢的方向，自然就會找到龐大的商機。過去大家的通訊聯繫，要用 B.B.Call 來傳呼，收到傳呼的電話號碼，再去回撥電話，後來手機開始普及，B.B.Call 就逐漸走入了歷史，接下來因為智慧型手機的出現，又改變了下一波的潮流，傳統的按鍵式手機也慢慢被人遺忘，鮮少有人使用。時代的演進，讓每個人的消費習慣一直在變，想要創業，就要盡可能充分掌握趨勢的脈動。

　　網路時代的來臨，造就了下一波財富的機會。在 56K 撥接上網的年代，人們要使用網路，都需要透過家中的個人電腦來連線；接著筆記型電腦的普及，有線網路有了 ADSL、光纖，速度大為提升、無線網路的技術也愈來純熟，上網不需要接線，變得更加簡單，現在已經進步到只要使用智慧型手機、平板電腦，就可以輕易的上網做各種事。正因如此，人們的消費習慣開始從實體的店面轉到網路上，相較於實體店面的固定開銷（包含人事、水電、租金……等），還有營業時間上的限制（除非是 24 小時營業的便利商店，不然一般商店每天都會有休息時間），網路上的成本相對低廉，又沒有營業時間的限制，所以在網路上消費會相對便宜划算，也正因此使得網路上的各種通路，業績年年大幅成長，實體店面的消費則是逐漸下滑，對於想要創業的人來說，如果可以在這波趨勢的浪頭上，建立一個有效的獲利模式，那就可以借著潮流的力，讓自己更容易創業成功。

縱騎絲路　啟發創業心法

temperature

MAX　　MIN

39°　　24°

DAY 14

6月7日
在天山雪水中吃西瓜——吐魯番到達坂城

騎乘路線：G312 國道、G314 國道
今日距離：108 公里

出發前，遇到幾個老闆跟我們聊天，鐵人幫的絲路之行讓他們羨慕不已

出發了，幾個老闆們在我們背後發出了讚嘆，好希望可以跟我們一樣

吃完早餐出發前，照例在飯店門口做當天車輛檢整和補給整備，旁邊有幾個大叔聚在一起聊天，看到我們的穿著打扮和裝備，好奇的走過來問我們是做什麼的？怎麼會在那裡？要到哪裡去？這二個星期以來，已經遇到太多對我們好奇的朋友，所以我們一樣簡單地陳述了一下這趟絲路之旅的原由，從哪裡出發，準備要到哪裡去。再細聊之後，才知道這幾位大叔原來都是老闆，有的開店、有的經營公司，他們對鐵人幫這樣追夢的過程和勇氣大感佩服，和我們愈聊愈起

勁，欲罷不能，但是因為我們要趕路，不得不先向他們告別，當我們跨上車出發的時候，阿樺騎在最後一個，聽到了他們望著鐵人幫遠去的背影，充滿讚嘆和嚮往的說了一句：「他們一群好朋友一起挑戰這麼熱血的事情，好希望有一天，我們也能跟他們一樣……」

雖然又累又渴，但還是得再往下走

阿樺把這件事轉述給大家聽的時候，大家心裡都有許多澎湃洶湧的感受，昨天晚上看

大藍巴巧遇騎腳踏車的旅人

到台灣夥伴製作給我們的加油影片，今天早上又遇到幾位大叔有這樣的反應，原來鐵人幫在努力實現夢想的這個過程，真的可以影響到很多人，這一路上不管是有緣認識的新朋友，或是在台灣默默關注我們每天粉絲團動態更新的老朋友，或多或少都因為我們在做的事而產生內心的衝擊，開始面對自己內心的渴望，開始敢於做夢，這真的讓我們很感動。

　　吐魯番是個盆地，所以代表我們要離開吐魯番繼續往前走，地勢將會是一路向上增高，加上這裡仍舊算是火焰山脈的

一部分，溫度一樣是很高。我們就在不斷爬升，而且燥熱的氣候條件中開始今天的行程，值得慶幸的是這一路雖然都是上坡，但坡度和緩，以我們的體能狀況算是遊刃有餘。我們維持著大約每小時 20 公里的均速在前進，中途沒有什麼休息，但是因為天氣炎熱，一直不停的補充水分，很快的我們的水壺和馬鞍袋裡的水都已經見底，但靖宇和小孫今天大概是準備

收費站前的告示牌，告訴你為什麼要收費

放生我們了，因為一個早上都沒有見到大藍巴的影子。我們在連續騎了三個小時的上坡路段之後，體力開始迅速的流失，

上方的交通告示牌是寫著「禁行腳踏車」的意思嗎？
哈哈哈…

又一個生命的逝去，見識到沙漠的無情

接近正午時分，天氣愈來愈熱，我們車上都已經沒有水可以喝了，但還是一直沒有看到靖宇和小孫的出現，途中也沒有任何的遮蔽物可以讓我們休息一下，只得硬著頭皮繼續騎。後來看到了一個大轉彎，轉彎過去之後有一個交流道，還有一座橫越國道的路橋，橋下有陰影可以躲太陽，我們滿心巴望著轉過這個彎，就會看到大藍巴在等我們，但是過了這個彎，橋下是空的，還是沒看到大藍巴。

　　這群可憐的鐵人幫這會兒都快崩潰了，原來在酷暑之下

沒有水是如此的難受，大家在橋下稍事停留，雖然又累又渴，但還是得再往下走。再前進了 3 公里左右，終於看到了一個大型的休息站，叫做「小草湖」，那裡有商店、有餐廳、有販賣部，就是沒有大藍巴。大家這

終於看到了小草湖休息站，鐵人幫都快虛脫了

時候也不管了，把車停在販賣部門口，就跑到裡面買水、啤酒、王老吉……，每個人咕嚕咕

197

嚕地猛灌，因為感覺已經熱到快脫水蒸發了，稍微解了渴，我們打電話問靖宇到底在哪裡，原來在剛才 3 公里前的那座陸橋處，大藍巴走錯路，從那裡下了交流道，我們叫靖宇和小孫把大藍巴停好，步行上來這個休息站找我們，中午就在這裡吃飯，後來因為大藍巴停在那裡不安全，所以小孫就留在車上，靖宇和允揚走過來找我們。

全裸浸泡在天山的雪水裡

吃完午餐，本來想要再上路，但是可能因為早上缺乏水分的適時補充，加上在炎熱天氣下不斷地爬坡，每個人竟然都感覺完全使不上力，癱坐在休息站裡公共區域的長條椅上，一陣強烈的睡意突然湧上來，眼睛一閉就睡著了，當大家眼睛再睜開來，已經過了大約 20 分鐘，這是挑戰絲路二個星期來，第一次中午休息時間有人睡著，而且還是很有默契的五個人一起睡著，可見得大家的體力透支的多兒。經過短暫的

休息，雖然可以重新上路，但大家的精神感覺上還是有點無法集中，身體虛虛的。

騎上車再出發，我們往回頭騎了一小段，從大藍巴下去的那個交流道出去，改走國道。往前騎沒多久，看到一條天山雪水融化匯成的小溪，水流量還不小，而且非常乾淨，我們的騎行方向，剛好是沿著小溪往上游去，這條溪在我們的左邊，右手邊則是黑色的岩壁，非常陡峭，不時還有一些小碎石從上面滑落下來。大家騎著騎著，一直想停下來到溪裡泡水，大藍巴開在我們前方，幾次試圖大聲的叫他們停下來，我們要去泡水，但他們好像都沒有反應，直到走到一塊腹地比較大的路段，大藍巴才停了下來，靖宇下車告訴我們，剛才的路段，岩壁上一直有落石

滑落下來，其實很危險，所以他們一直開到這裡才停下來。

中午在休息站雖然有短暫的睡了一下，但大家的身體狀況依然充滿了疲倦感，現在看到了這條小溪，所有人毫不猶豫的把鞋襪都脫了，衝到溪裡泡水。這裡不愧是天山融化的雪水匯集而成的溪流，水質乾淨而且冰涼，泡在裡面真的非常舒服，原本軟綿綿的身體好像也慢慢恢復了，小孫再從大藍巴拿出西瓜，我們就直接泡在溪裡，吃著西瓜，瞬間覺得暑氣全消，精神都來了，天山的融雪就有這麼神奇的療效，也難怪天山雪蓮是如此的珍貴，

當鐵人幫還在嘴砲的時候，一旁的外圍老大靖宇已經迅速脫光，泡進水裡

可以駐顏益壽。

這群不安分的鐵人幫慢慢恢復了體力，就開始作怪，嚷著要全裸地和天地融爲一體，泡在這冰冰涼涼的溪水中，當大家還在嘴砲，看誰要先把自己扒光的時候，一旁的外圍老大靖宇已經悶不吭聲地脫下他的上衣和褲子，泡進水裡。大家見狀，立刻跟進，全都光溜溜的祖裎相見，老哥原本非常堅持，怎麼樣也不肯跟著起鬨，但是最後同樣拗不過鐵人幫的勸說，光著屁股也坐進了溪裡，小孫樂得在旁邊幫大

家拍照，留下這歷史性的一刻，以後我們可以驕傲的告訴別人：「我曾經全裸地浸泡在天山的雪水裡！」

在那裡玩了好一會兒，感覺暑氣全消，就像是在打 LOL 的時候吃到了補血道具一樣，重新恢復體力。我們把衣服都穿好，重整上路，途中還遇到一隻狗，大老遠就很兇狠的一邊狂吠，一邊對著我們跑過來，可是鐵人幫在此，豈能容得一隻惡犬擋路，五個人很有默契的突然加速，發出「殺～～」的怒吼，向著那隻

狗衝過去，這個氣勢實在太強，那隻狗立刻安靜下來，往路邊的草叢鑽進去，再也沒有追上來。今天的目的地是達坂城，從路口準備進入這個小鎮的時候，就感覺這裡非常的不一樣，不像這一路上停泊住宿的地方或是市區那麼的嘈雜，這裡呈現一種很安靜、很舒服、步調很緩慢的感覺，馬路的兩旁都是青草，有一個牧羊人坐在路邊，讓他的羊群在那裡盡情的享用青草 Buffet，老哥一馬當先，帶頭進入達坂城，抵達預定的集合地點達坂城車站，黑皮緊跟在老哥後面，也在達坂城車站前面休息。鵬升、阿樺和致倫看到羊群，就停了下來，跟路邊年邁的牧羊人搭訕，可能是他的口音太重，阿樺完全聽不懂對方在說什麼，但還是送了一包科學麵給他，然後在牧羊人的同意之外跑去跟羊群拍照。

達坂城巧遇牧羊人

達坂城的姑娘眼睛真漂亮

達坂城這裡的特產是「大豆」，就是在台灣這裡說的蠶豆，不過豆子看起來比較小一點，這裡賣大豆的店很多，口味也很多，他們的大豆都是開放式，一格一格的，有點像台灣早期專賣休閒零食的「小豆苗」。我們在這裡找不到涉外賓館，後來還是特別跑到警察局詢問，才找到一家可以住的旅館，大家洗過澡，到街上吃飯。飯館隔壁就

有一家賣大豆的店，我們想去買一點大豆下酒，鵬升、黑皮和靖宇就進去逛了一下，顧店的是一個維吾爾族的女生，長得很高、很白、非常漂亮（維吾爾族的女生真的都長得很美），在她的熱心介紹之下，鵬升買了好幾包不同口味的大豆。回到餐館裡，跟大家說到隔壁的顧店小姐很漂亮，阿樺和致倫一聽，馬上就說他們也要去看看，黑皮好心提醒他們不要帶錢，免得一會兒被美色迷惑，又要破財，阿樺自信滿滿的說：「絕對不會有這種事！」就跟致倫過去隔壁了。

我們點的菜開始一道道的上，大家吃得很開心，但也覺得愈來愈奇怪，這二個人是怎麼回事，一桌子點的菜已經幾乎要上完，大家吃到差不多要走了，他們怎麼會還沒回來？難道真的是被美色所困住？我們跟小孫說，趕快到隔壁去救他們二個，小孫

正要起身，就看到阿樺和致倫分別提著四大袋的大豆和零食回來了，我們所有人看到都笑彎了腰。有一首很出名的民族歌曲叫《達坂城的姑娘》，歌詞有二句是：

那裡住的姑娘辮子長呀

兩個眼睛真漂亮

假如妳要嫁人

不要嫁給別人

一定要嫁給我

這是在描述達坂城的女生有多麼的美麗迷人，從這段經歷看來，似乎真的所言不虛。

今天從吐魯番出發，來到達坂城，這一路的上坡總共爬升了超過 1100 公尺，又熱又累的一天。明天就要前進到終點烏魯木齊了，突然有種近鄉情怯的感受。加油吧，鐵人！再過一天，夢想就可以順利完成了。

創業啟發：想創業，臉皮一定要夠厚

　　我有好的產品、我有好的點子、我有好的技術，但是我因為害羞、內向、不好意思，不想主動爭取，所以只能把這些好的優勢收藏起來，等待有緣人，或是伯樂的出現，能夠發現我的才華、了解我的特點，願意給我機會、給我資源，然後我才來把我的理念付諸實行。

　　如果你想創業，這樣的態度是行不通的！

　　想要創業，一定要具備某個程度的厚臉皮，你要厚臉皮地主動推廣你的創業理念；你要厚臉皮地主動向客戶介紹你的產品；你要厚臉皮地向廠商要求更好的折扣或付款條件；你要厚臉皮地行銷自己去贏得更多的訂單、更多的支持、更好的資源、更高的利潤，這都是需要靠厚臉皮。

　　民國初年的學者李宗吾提出《厚黑學》，宣揚「臉皮要厚如城牆、心要黑如煤炭」，這樣才能成為英雄豪傑，雖然這本來是以嘲諷的手法提出戲謔性的學說，但把這樣的概念放在創業的過程中，其實是可以相通的。這裡所說的臉皮要厚、心要黑，不是說創業的時候要欺騙、詭詐、耍手段，而是指創業家要積極勇敢的爭取機會、同時不要怕被拒絕，能具備這樣的特質，會讓你在事業上更主動。就像是男生在追求女孩子的時候，如果不夠主動，可能你還在猶豫考慮、躊躇不前的時候，女生已經被更勇敢開口的的男生給追走了。為了你的事業，臉皮還是厚一點比較好。

temperature

MAX 34°　MIN 25°

DAY 15

6月8日
最後的大魔王——達坂城到烏魯木齊

騎乘路線：G314 國道
今日距離：98 公里

達坂城的早餐

達坂城到處可見這樣的小販，賣大豆、乾果

早上起床後，先到附近的店家吃了早餐，想到今天就要抵達烏魯木齊，即將要到達最後的目的地，大家都覺得非常高興，一副躍躍欲試的樣子，期待可以趕快出發。我們很快的完成了車子的整備，老哥的牛角把手原本就有點崩牙，這一路上因為很多次的撞擊，重新裝了很多次，靖宇早上在整備的時候，就跟老哥提醒不能再碰到它，不然牛角就壞了。

最終碰上了風魔

地圖顯示我們今天要沿著 G312、G314 國道一路往西北方走，轉 G216 國道向北抵達烏魯木齊。達坂城區真的不像我們一路上看到的其他地方，城區不大，但是好像都經過了完整的規劃，道路的路面品質很好，路很寬，但是車很少。路旁還有許多人工種植的花草樹木，不是只有一條街是這樣，整個達坂城城區的路都是這樣。而且這裡有許多新的房子，聽當地人說，這些房子都是整片新蓋的的小區，外觀的設計充滿歐洲風味，房價算起來，整棟

獨立透天厝只要台幣 100 萬左右。

除了整片的小區，還可以看到很漂亮的公園，到處都有風車造景，這種種的景觀讓達坂城區和我們一路上停留的許多地方相比，顯得十分特別，安靜、恬淡，像個與世隔絕的小天地，置身在這裡恍若某個歐洲的小鎮一樣的美麗，好適合在這裡居住養老。鐵人幫的大家都非常喜歡這裡的氛圍，由於這裡和烏魯木齊只有不到 100 公里的距離，開車不到一個小時就到了。烏魯木齊是新疆的省會，不論是飛機、火車都可以銜接到中國大陸其他的地方，所以若真的要在當地置產，其實交通還算便利，大家就開始慫恿鵬升和老哥在這裡買一棟房子，交給小孫幫忙管理，三不五時可以過來玩玩，小孫也敲邊鼓的說好，看來鐵人幫到新疆發展是指日可待了。

剛從達坂城出發的時候，感覺鳥語花香，早晨的微風很舒服，迎面而來很涼爽，就著這樣悠閒的氣息，我們每一步的踩踏感覺也輕快許多，邊騎邊哼著歌，準備迎接絲路挑戰的最後一段行程，殊不知這才是考驗的開

始。不論是打電動遊戲，到了最後闖關，遊戲要全破的時候；或是在電影電視節目中，最後結局來臨之前，總是會有一個超難應付的大魔王會擋在前面，這個大魔王的戰鬥指數很高，不管你使

載運風車葉片的拖板車，葉片真的好大

用什麼樣的技能或是攻擊對他都無效，好像怎麼打都打不贏，鐵人幫也在這個階段碰上了這一趟絲路之旅最終的大魔王：風魔。

手機訊號全都切斷了

出了達坂城，進入 G312 國道，這時候大家仍是有說有笑的，一副輕鬆自在的模樣，隨著

不斷前進，離達坂城愈來愈遠，開始感覺到風速愈來愈大，正面而來的的逆風就像一堵牆，讓每一下的踩踏變得很費力，我們排成一列，試著輪流在前面破風，希望可以騎得輕鬆一點，但是風還是無情地颳著，我們也把腳踏車的變速檔位慢慢放鬆，齒輪比調小，即使已經放到最輕了，風勢就像《西遊記》中，降服齊天大聖的如來佛一樣，無論孫悟空坐著筋斗雲翻了多遠，始終都還是在他的掌心裡。

我們就像被一隻巨大的手掌給擋住，騎得很辛苦。路旁的樹，已經被風勢吹到整個彎了腰，整

鹽湖城景區裡遇到的羊群

排的樹都快斜成 45 度了，因為風勢實在太大，我們的平均車速不斷降低，從每小時 20 多公里一直到後來連 10 公里都不到，感覺車子都踩不動了。風聲不斷在耳邊呼嘯而過，那個聲音好像在對我們示威怒吼，警告我們就此停住，不要再向前了。鐵人幫咬著牙，努力的和風魔對抗，緩慢卻又堅定的持續前進著，想不到絲路的最後這一哩路會如此難走。

《孫子兵法》教導我們：「強而避之」，這個意思是面對強大難以對付的敵人，先避其鋒，等到對方疲憊減弱的時候，再尋求反擊的機會。既然風魔的氣勢這麼強，我們就先不要硬跟它正面交鋒，等風勢減弱再作打算。騎著騎著，我們看到了旁邊有一個「鹽湖城風景區」的指示牌，當下就決定先繞到鹽湖城去喘口氣。這個鹽湖城不是美國猶他州首府，摩門教總處所在的那個城市，而真的是一個巨大的鹽湖，湖泊的直徑大約有 4 公里，四周都可以看到鹽的結晶，還有許多的鹽田，是一個產鹽的地方，因為大風的關係，鹽的對面一整片的鹽田全都被吹得一片白茫茫，看起來就就像是起霧了一樣。

中午就在這裡找了一家小站吃飯，吃飯的時候，發現手機一直沒有訊號，無論怎麼開機都沒有用，心裡納悶是不是先前充值的金額用完了？後來在旁邊找了家通訊行詢問，才知道因為當地剛好在高考，旁邊就是一個考場，為了防止舞弊，所以把手機

連遠方的儲鹽區，都被風吹到整片揚起，白茫茫的一片，可見風力有多強

訊號全都切斷了，這還是前所未聞的做法，也是一絕。

興高采烈期待明天到來

吃完之後再出發，果然好騎許多，雖然還是有風在吹著，風勢再沒有早上那樣的寸步難行，料想應該是風魔也去吃午飯了，只派出手下出來虛晃二招，這些蝦兵蟹將哪裡會是鐵人幫的對手？大家往烏魯木齊的方向全速前進，不管這個最後的大魔王再怎麼難對付，最後獲勝的一定會是我們，為什麼？因為我們是主角啊，這部電影是我們主演的，最後笑著慶祝勝利的當然是鐵人幫啊！我們沒有太多的休息，只想著趕快前進，終於趕在下午七點左右抵達烏魯木齊的關口，這裡的檢查比較嚴密，有一個武裝哨所，要進入烏魯木齊都要經過抽查，邊防的武警看到我們的裝扮，詢問了一下我們此行的目的和停留時間才放行。

老哥有朋友以前在烏魯木齊這裡做過生意，在這裡有一些人脈，之前聽到我們挑戰絲路的

終於抵達我們的終點了，這是我們在烏魯木齊停留住宿的酒店

想法，他覺得非常佩服，所以在我們出發前，就已經聯絡好烏魯木齊招商局，把我們的騎車挑戰後，準備要把車捐贈出去的計畫告訴對方，希望對方可以幫忙安排一個單位來接受我們的捐贈，沒想到這事情愈搞愈大，這一路上招商局的聯絡窗口古麗小姐都和老哥保持聯絡，已經幫我們安排好住宿的地方，還約好今天晚上由招商局的書記設宴幫我們接風。所以我們趕快把車子和行李安頓好，就前往赴宴。

除了招商局的魏書記之外，現場還有體育局長和武警支隊長，另外聯絡我們的窗口古麗小姐和辦公室副主任王琴小姐也陪同一起，跟我們大家享用一頓美好的晚餐，他們熱情招呼大家，讓我們好好飽餐了一頓，席間還喝了不少烏魯木齊的名酒「小老窖」，好香好醇。後來跟他們聊天才知道，今天達坂城那裡颳大風，最大陣風達到 8 級，難怪我

魏書記接風晚宴後，大家愉快的來拍一張吧

們早上騎車會騎得這麼辛苦，幾乎沒辦法前進（8 級風到底是有多強？簡單的說，8 級風已經是輕度颱風的等級了），但是好在，我們還是戰勝了最後的大魔王，成功了完成這趟挑戰。明天我們就要捐贈車輛了，這是我們絲路夢想中很重要的拼圖之一，大家也都興高采烈的期待明天到來。

創業啟發：行百里者半九十

　　電信術語：最後一哩路（Last Mile），原意指完成長途跋涉的最後一段里程，被引申為完成一件事情的時候最後的而且是關鍵性的步驟，通常這個步驟還充滿困難。在到達成功之前，很多人會因為看不到希望，支撐不下去，就此停了下來，但是往往這卻是他們最接近的時候。毛毛蟲在蛹裡，即將羽化的關鍵時刻，牠必須不斷地用力，把身體中的水分排出，才能夠讓自己擁有輕盈的身體和翅膀，成為一隻真正的蝴蝶。如果在過程當中牠停止了努力掙扎，牠就將永遠結在繭中死去，一旦歷經足夠的努力，牠就能破繭而出，在天空中飛翔。

　　創業絕對不是一件簡單的事，創業也絕對不是一條好走的路，根據經濟部中小企業處創業諮詢服務中心的統計數據，一般民眾的創業經驗，有90%在一年之內就倒閉了，存活下來的10%當中，還會有90%在未來的五年之內倒閉，《今周刊》的專欄作家張景泓（77 年次的創業家，註有《我 25 歲、擺脫 22K》一書）分析了大部分的人創業失敗的三大主因：

　　一、找錯合夥人：不怕神一般的對手、只怕豬一樣的隊友

　　二、急著賺錢：失去提供客戶核心價值

　　三、推卸責任：千錯萬錯都是別人的錯

　　當然不是說創業就該永無止境的掘土，不設定停損點，任憑自己往失敗的深淵不停墜落，卻還繼續頑固不冥。只是如果自己當初已經做過充分的評估、審慎的思考，才決定投入創業，而且具備極有潛力和發展的獲利模式，那就不該輕易的放棄或退出，因為往往在最絕望的谷底，代表的是希望即將就要出現了。經典的蝙蝠俠電影《黑暗騎士》中，有一句台詞說：「黎明前的夜晚是最黑暗的，但我保證，黎明要來臨了！（The night is darkest just before the dawn. And I promise you, the dawn is coming.）」如果在最艱難的時候選擇了放棄，先前的努力就全都白廢了，而放棄的他們也將永也不會知道，自己距離成功到底多近。

temperature

MAX   MIN

29°   14°

DAY 16

6月9日
再見了！鐵人們的鐵馬──烏魯木齊贈車

準備要贈車了，大家都仔細的擦拭車子，要讓它們呈現最好的狀態

有一句名言說「沒有奇蹟、只有累積」，所有的成功都是靠著一步一步不斷努力的成果累積而來。早上醒來，想到我們正躺在烏魯木齊的旅館裡，我們真的從嘉峪關一路騎到了這裡，感覺還有點不真實，捏捏自己的臉，確定不是在做夢。

一路有風有雨、有沙有土

烏魯木齊的市區街道，其實和台灣的都會區沒有什麼分別，一樣的熱鬧進步。早上到附近吃了早餐，回到房間之後，我們開始整理自己的愛車，這些車一路陪伴我們長途征戰，其實要把它們贈送出去，心裡真的很捨不得。鵬升的車因為有著金色的塗裝，所以取名叫「土豪金」，除了這次絲路之外，他曾經在 2009 年騎著這輛車台灣環島一圈，有著很美好的回憶；老哥的車沒有裝馬鞍袋，在玉門到瓜州下大雨的那一天，後輪不斷地飛濺起路上的泥水，靖宇當時就地取材，用寶特瓶幫他在後輪的地方做了一個像尾巴般的擋泥板，寶特瓶隨著路面的顛簸和風的吹

拂，一直發出聲音，就被我們暱稱是「響尾蛇」，這輛車很有歷史了，當年他都是騎著這輛車往來台北、汐止上下班，騎了 10 多年了；阿樺因為車頭的公仔，讓它自此跟著就叫「梅莉號」，雖然往吐魯番的那天早上連續爆胎三次，但是阿樺也曾經騎著這輛車跟鵬升一起完成環島的目標；黑皮和致倫的車都是為了這次的絲路之行準備的，黑皮的車叫「大黃蜂」，因為跟電影《變形金剛》那個忠心耿耿保護男主角，

深受歡迎、人氣很高的機器人有著同樣黃黑色調的外型，這一路上多次幫忙鐵人幫在前面破風，守護主人順利完成挑戰；致倫的車是淺藍色的，和他一樣有著年輕的調性設定，他把車取名叫「藍精靈」，車頭裝著他的手機，方便他在途中拍下看到的美麗景色，還不停播放著音樂讓大家騎車的過程更加享受；還有老哥特別為寶貝兒子允揚準備的車，車架較小，適合他的身材，讓他可以一路跟著爸爸和鐵人叔叔們的腳步

完成挑戰。這六輛車，今天下午就要捐贈出去了。

這一路有風有雨、有沙有土，車子的外觀都沾染了不少的灰塵，大家回到房間，悉心地擦拭著車子的每一根螺絲、每一寸表面，在告別之前，把車子弄得漂漂亮亮的，黑皮和致倫甚至直接把車抬進了浴室，用水仔細的沖洗，邊洗邊擦、邊跟車子說話，謝謝它們這一路上的陪伴，就是因為有它這麼堅定可靠的守護，讓鐵人幫們更加的依依不捨。把車子整理好，清洗乾淨，六輛腳踏車又恢復了迷人的光彩，等待捐購儀式的到來。大家利用中午時間，到旅館對面的餐廳好好的請小孫吃了一頓飯，明天一大早，小孫就要駕駛大藍巴返回嘉峪關，我們感謝小孫這一路上任勞任怨、盡心盡力的駕駛著大藍巴，陪著我們走完全程，也很高興在這裡認識了小孫這個好兄弟，這段時間建立起的革命情感，是無法用言語形容的，大家相約下回去騎別的路線，還要再請小孫來陪我們一同挑戰，小孫二話不說，滿口答應。

實現夢想的精神，繼續傳承下去

捐贈儀式在一個維吾爾族社區的辦公室舉行，鐵人幫依照約定的時間，騎著車前往。我們委託招商局協助，尋找合適的捐贈對象。由於當地有許多的社區有設置巡守隊，隊員們都是徒步地進行巡邏工作，招商局認為我們的的車子，非常適合捐贈給社區，用來供巡守隊員在巡邏時使用。在招商

捐贈儀式上，有許多相關單位都有出席

捐贈儀式上，魏書記致詞

局魏書記的主持下，鵬升首先代表鐵人幫致詞，感謝招商局所做的安排，讓我們的心願得以完成，希望我們的車子可以幫助社區，滿足他們的需要。

受贈單位是育才街社區，社區代表刁蕾小姐隨後在致詞的時候也回應，感謝鐵人幫的捐贈，社區將會妥善使用這六輛充滿意義的腳踏車，而且透過社群媒體，會不時跟我們分享這幾輛車子的狀況，請我們放心。最後由黑皮代表將腳踏車捐贈給社區，完成了這個充滿意義的捐贈儀式，我們的車子也正式的移交，將我們挑戰絲路、勇敢實現夢想的精神，繼續傳承下去。

贈車儀式結束後，招商局的另外一位張書記也安排了要請我們吃飯，此時老天或許是感覺到我們和這幾輛車子之間即將告別，突然下起傾盆大雨，雨勢之強，就連在台灣也很少見到。鐵人幫分乘幾輛不同的車前往餐廳，沿途看到街道因為雨下得太急太大，排水不及，開始積水，車子在淹水的馬路上行走，像是陸上行舟一樣，我們聽到車子裡的廣播，主持人播報著哪個路段、哪個地區因為突然的大雨，造成交通大

鐵人幫的雨神發威，一場暴雨讓烏魯木齊的市區都淹水了

亂，心裡都有點擔心車子會不會因此拋錨，還好後來我們都順利抵達。

書記說他在新疆待了快40年，從來沒有遇過這麼大又這

麼急的雨勢，不知道今天為什麼會突然下這種雨？大家的腦中，馬上浮現了鵬升那件該死的黃色防雨外套，不約而同的把目光轉向他，這個雨神的威力也太強大了，在瓜州帶來有史以來最大的雨、在吐魯番這

麼熱的地方也造成了降雨、這會來到烏魯木齊了，又造成市區到處都淹水，真是厲害的聖物啊！聽新聞說台灣今年各地春季和梅雨季的降雨都不如預期，恐怕會有缺水的危機，回台灣叫鵬升沒事就把外套帶著到處走，這樣就不用為了水不夠用苦惱啦！

今天的晚宴，張書記還邀請了阿主任一同參與，大家邊吃邊喝，今天又乾掉二、三瓶

受贈單位還親筆寫了接收函

晚宴的包廂，桌子超大的，桌子中間還有假山造景

的小老窖，這酒濃而不烈，醇
而不嗆，真是好酒。聊到開心
處，張書記和阿主任熱情的要
我們多待二天，這樣可以去南
疆的喀什玩一玩，推薦了喀什
附近幾個好玩的地方，那裡還
有舉辦國際馬拉松賽事，反正

小孫和允揚已經培養出兄弟般的好感情

距離烏魯木齊也不遠。大夥一
聽興致來了，覺得主意不錯，
問一下大概距離多遠？要安排
看看怎麼去才好，張書記一派

輕鬆的說：

「喀什嗎？離這裡很近啊，
一天就到了，大約 1500 公里左
右！」

大家的心立刻涼了半截，
這叫很近？我們這半個月的絲
路挑戰，總里程加起來也才騎
了 1500 多公里而已，看來這裡
的人對距離的感受和我們差別
真的很大。後來才知道，新疆
境內的塔克拉馬干沙漠，是全
世界的第二大沙漠，面積是台

辛苦的後勤補給：靖宇和小孫

灣的 9 倍大；整個新疆省的面
積相當於 46 個台灣；光是烏魯
木齊市，大約就有三分之一的
台灣大，難怪他們會覺得 1500

晚宴上，老哥代表鐵人幫敬酒

公里是「很近」了。

絲路的夜空，迴盪著男人的豪情萬丈

　　終於平安順利的完成了整趟行程，大家心裡有好多的感觸想要紀錄下來，於是又再度發揮我們的文學素養，把此時的心情寫成了詩：

　　　　昨日杯酒笑談夢
　　　　今踏鐵騎探文古
　　　　眼底難收盡美景
　　　　車輪轉過千年路

　　　　老古絲路　承往載今
　　　　醫藝商術　西東榮欣
　　　　涼荒鐵人　輪滾古道
　　　　始起嘉峪　徐行風輕
　　　　石乾草旱　陽烈夜寒
　　　　偶有青綠　聚水為潭
　　　　養息宿夜　杯酒樂歡
　　　　山渠險峻　翠玉盎然
　　　　路廣道直　狹嶇泥顛
　　　　西北多情　食簡精鮮
　　　　若言明朝　風媚熬艱
　　　　且吟狂歌　莫問蒼天

　　晚餐結束後回到飯店，小孫先跟大家道別，他明天清晨就要先行離開了，兄弟們又是一陣離情依依，互道珍重，為彼此獻上深厚的祝福，相約下次的追夢和冒險要再結伴同行。夜幕低垂，望著黑漆漆的夜空，大家靜靜的享受這趟遠征戰役後的痛快和滿足，不約而同的

唱起了伍佰的《鋼鐵男子》，
隨著慷慨激昂的歌聲，在絲路
的夜空裡迴盪著男人的豪情萬
丈：

　　像個鋼鐵般的男子

　　我會藏起我所有的心事

　　像座堅強的山 能抵擋風和雨

　　濃霧若散去 抬起頭遙望著天際

　　明天又是一片翠綠

一切都將成回憶

無法抹滅的過去

會隨著時間 慢慢的模糊的痕跡

就讓它去

或許有一天會想起

生命之中曾經戰勝自己

雄霸塞外鐵人幫

創業啟發：想是問題，做是答案

　　鐵人三項標準賽的比賽項目，分別是游泳 1500 公尺、騎自行車 40 公里、跑步 10 公里，必須要在 3 小時 40 分鐘之內完成所有的賽程，這三個項目當中哪個最難？是在開放水域中有生命危險的游泳？是 40 公里不間斷的自行車？還是最一後項體力消耗的差不多了還要再堅持的跑步？其實最難的都不是這三項當中的任何一項，鐵人三項的比賽中，最難的是「報名」！誰會沒事去幫自己報名參賽？

　　剛開始決定創業的時候，起心動念可能不過是一個很簡單的想法，覺得唯有創業、建立系統，才能有機會脫離跑滾輪般的倉鼠人生，得到真正的自由，實現夢想。但是要達成創業成功的目標，需要很多的元素，不管是資金、技術、人才、經驗，在創業初期可能什麼都沒有，連這些資源要去哪裡找、要到哪裡學習都不知道，面對無知的領域，可能的失敗，究竟該怎麼辦？我該怎麼抉擇？

　　電影《當幸福來敲門》中有一段經典的台詞：「如果你想要得到什麼，就得努力去爭取（You want something？ Go get it！）」，NIKE 的企業經典口號說：「Just Do It」，中國俗話說：「坐而言不如起而行」，英文的諺語：「Actions speak louder than words」，全都在告訴我們一樣的道理。

　　與其紙上談兵，說著不切實際的話，想著各種有多少的困難、有多麼的不容易，不如捲起衣袖，實際下場好好拚一次。只要方向清楚明確，靠著拼拼湊湊、邊做邊學，逐一克服困難，累積出來的成果就可以無中生有。很多人總覺得有一堆問題還沒有準備好，不敢貿然決定，其實想是問題，做是答案，只要跨出第一步，後面的事情就簡單了。

　　其實大部分創業成功的人，在剛開始的時候，也都不知道自己的決定到底是否正確，但他們共通的地方就是不斷地衝撞既有的遊戲規則，不斷地挑戰自己的極限，因為你不試試看，你也不知道會發生什麼事，或許你會成功、或許你會受傷，但你不去做，可以確定的是你什麼都不會有。當年賈伯斯創立蘋果電腦、比爾蓋茲創立微軟，乃至於馬雲的阿里巴巴，都是在資源拮据的情況下開始的，如果他們都覺得要等一切準備好了，才要跨出第一步，那麼就不會有今天的規模，或者該說，就有其他更有勇氣、更有執行力的人取而代之了。

　　所以，別再想了，就去做吧！

Chapter 4

下一個
夢想

人的一生，就是為了實現夢想而來，既然鐵人幫的大夥們創業有

成，實現夢想就只是時間先後順序的問題而已，並且一定會共同參與，

完成彼此的夢想。

親朋好友們盛大的接機陣容

終於回家了！

回到台灣的那天，鐵人幫降落在機場，完成通關手續、領了行李，走出機場大廳，就看到家人和創業夥伴們，舉著紅布條，歡迎我們的回來。經過風吹雨淋的艱難騎乘，看到在這裡守候的龐大陣仗，讓我們又驚又喜，感動不已。大家紛紛湊上來，跟我們擁抱、擊掌，看著我們說曬黑了，變瘦了，詢問我們累不累，誇獎我們好棒，這樣的關心毫不做作的真情流露，讓我們這群在外飄泊了三個星期的遊子，心裡都覺得暖暖的，不管走到哪裡，家還是最後的歸屬。回想這一路上，我們經歷了地球上許多自然元素的考驗，分別用不同的型式呈現在我們的面前：

水：

從玉門到瓜州的路上，遇到當地有史以來最大的雨；在烏魯木齊市區，碰到突然而來的暴大雨，讓市區的道路多處淹水。

風：

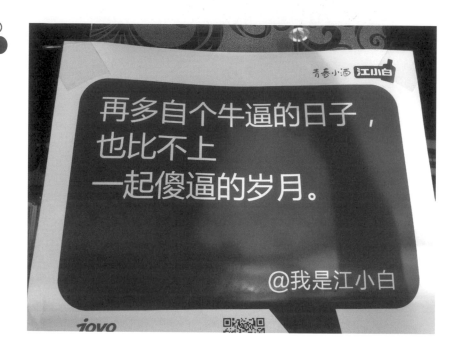

從敦煌到柳園的路上，有從四面八方而來，不同方向亂吹怪風；在達坂城到烏魯木齊的路上，遇上恐怖瘋狂的逆風，瞬間風力達到 8 級。

冰：

哈密到巴里坤的路上，行經天山山脈，碰到下大雪，覆蓋了眼前所有的景物，只看到茫茫的一片白銀色世界。

火：

鄯善到吐魯番的路上、經過火焰山，戶外溫度達到 54 度，還在平

均超過 41 度的溫度下騎車。

土：

敦煌到柳園的路上、還有火焰山到吐魯番的路上，都遇到了無法張開眼睛，必須要載上護目鏡才能繼續騎乘的沙塵暴。

電：

從瓜州到敦煌的那天開始，一路上不斷遇到成串的高壓電塔，橫跨過從馬路上方，鐵人幫騎經過高壓電塔下，全身都被靜電電得哇哇叫。

　　每一個考驗的當下都很難受，但每一個考驗過去之後都是回憶，故事之所以精彩，是因為來自於夢想的實現，我們一步步的克服所有的困難，共同完成了征服絲路的夢想，所以我們的故事會很動人，這滿身的傷痕，就是我們勇敢追夢的最好見證。

　　還記得旅程的第四天，我們要從赤金到瓜州，那天早上在鐵人故里吃完早餐，先上大藍巴開到玉門，然後才開始當天的騎乘。坐著大藍巴前往玉門的路上，大家你一言、我一語的討論著，如果我們這次順利的把絲路征服了，接下來呢？

　　老哥率先發難：「你們這些傢伙，該跟我去挑戰世界七大馬拉松了吧？」

　　鵬升接著開口：「環法！我們一定要照著年度環法賽的路線騎一次，挑戰自我！」

　　致倫也答腔：「我覺得下次去西藏好了，這個感覺很棒！」

黑皮皺了皺眉頭：「我想去夏威夷衝浪！」

阿樺最後才說：「不然我們去埃及金字塔，爬到頂端，坐在那裡泡茶！」

………

直到大藍巴在玉門前停車，這幾個傢伙才暫停討論，但是已經把他們想做的事都列出來了。其實這次的行程，是經過在熱炒店裡的隨機抽樣街訪，才決定了目的地，順利成行。被排除的北海道，就當作下一個夢想的優先首選吧！

那在大藍巴上面討論的其他的選項呢？

急什麼？人的一生，就是爲了實現夢想而來，既然鐵人幫的大家創業有成，實現夢想就只是時間先後順序的問題而已，我們一定會共同參與、完成彼此的夢想的。

到時候的先後順序要怎麼安排？要從誰的提案開始？

下次吃熱炒的時候再去問隔壁桌的好了……

壯騎保母
靖宇一人分飾多角

在絲路之行中，靖宇不僅負責車輛的整備維修，還一肩扛起了多數的大小雜事，幫忙處理各式各樣的問題，如果沒有他的協助，恐怕無法順利完成挑戰。

海龍蛙兵退伍的靖宇是鐵人幫絲路之旅非常重要的核心，被大家暱稱是外圍老大的他，當初在完全沒有任何相關經驗背景的情況下，憑著一股熱忱和堅持，深入了解和評估，用一份精準的市場分析企劃案，加盟開了一家捷安特車行，還用他海龍蛙兵的背景取名叫「蛙・不停」的，現在這家店不但是車友間流傳 C/P 值很高、服務親切的知名店家，更是全台灣捷安特業績 TOP 10 的明星加盟店。

年紀輕輕卻已經創業成功的靖宇，長期推動「愛心輪現」的活動，他收集許多人不要的舊腳踏車，加以檢修、整理變成堪用品，然後送到全台灣許多偏遠山區的學校或是部落，讓很多小朋友有腳踏車可以騎，這中間一切開銷和花費（從收車、檢修、零件材料、送車）全部都由他自行吸收，這個公益活動他已經默默持續的做了二、三年。

2015 年，知名的折翼天使：韋齊騎乘單車環島，就是由靖宇幫忙對車子做的改裝，還有全程的技術支援；同年間，一群瑪利亞的天使，想要完成單車環島和征服武嶺的夢想，所有的裝備和車子也是由靖宇幫忙號召完成。他的格局、胸懷和態度，讓同是創業家的鐵人幫深深折服，敬佩不已。

在絲路之行中，靖宇不僅負責車輛的整備維修，還一肩扛起了多數的大小雜事，幫忙處理各式各樣的問題，如果沒有他的協助，恐怕

無法順利完成挑戰。以下，就是靖宇臉書當中，對於這趟行程的些許紀錄，字裡文句間，可以感受到他對此趟行程的付出以及重視！

行程紀錄，fb 分享

絲路，對一般人來說，只是出現在國小、國中的地理課本裡的一個概念，但對於喜歡旅行、熱愛冒險的人來說，卻是此生必挑戰的經典路線！

近年來，我也強烈感受到，現在的台灣囝仔，不再受到那麼多傳統價值觀念束縛，越來越有勇氣出走去探索世界，不管是經濟拮据的窮學生，還是出社會打拚一段時間事業有成的中年大叔，甚至辛苦工作一生已經退休享福的阿伯，都願意離開習以為常舒適圈，不選擇旅行團，背上簡單的行囊，用勇氣和決心去探索這世界！

既然是挑戰，就毫不考慮，一口答應！

對於習慣一個人流浪的我，其實從來沒想過和一群這麼大陣仗的人，到這麼荒涼的地方旅行！當 Johnny 哥向我說鐵人幫（Johnny、老哥、阿樺、黑皮、致倫）想騎行絲路的這個夢想，並邀約我參加時，我竟然沒有任何考慮，一口答應了！因為這群人已是多年的好友，一起征戰無數次的三鐵賽事，早已培養出絕佳的默契和相互扶持的革命情感！

而且我向來樂於接受任何出現在我面前的挑戰，不過，我知道要照顧一群人，和我一個人的流浪絕對不同，我不知我是否能完成大家

的託付？滿足團隊的期待？我一向是個不太會照顧別人的人，且習慣隨心所欲、隨風而至流浪的旅行方式，但這次是要帶領一整個團隊前進，且身處危機四伏的環境，絕對馬虎不得，責任與壓力伴隨而來，但責任讓人承擔，壓力使人成長，我一定能在這次機會中，學習成長良多！

　　在接下了保母的這個重責大任後，我開始認真思索我到底能做什麼？才能幫大家順利的完成這趟旅程？！

第一點，也是最重要的一點，就是我要做好隨車自行車技師的工作。

　　雖然平常在店裡，對我來說，這完全算是簡單且得心應手的工作，不過，別忘了，到時候我可在離台灣千里之外的絲路沙漠裡面，正所謂：「巧婦難為無米之炊」，一旦離開店內，到了荒蕪一片的戈壁灘，要怎麼讓所有自行車都運轉順暢，備料和維修工作都充足，大部分緊急狀況都有辦法應付，真是一大考驗！

第二點，每日行程規劃。

　　這次的行程路線，都要感謝我的好夥伴：嵩嵐，精心為我們整理的絲路攻略，嵩嵐在去年已經獨自一人挑戰騎行絲路，我相當佩服嵩嵐規劃的能力，和執行的決心，這是我遠遠所不及的！嵩嵐的絲路攻略幫我們規劃出每天騎行的路線、騎乘的時間和距離、路況的變化、沿路的景點、投宿的城市……，基本上，我們就追隨著嵩嵐的絲路攻

略前進著，只能說：「前人種樹，後人乘涼啊」！（他的攻略鉅細靡遺，深入淺出，比起我拙劣的文筆，更具參考價值與閱讀樂趣）

第三點，食宿的安排。

為了扮演好保母的角色，鐵人幫最後決定在當地租用一台保母車支援，我不下去騎車，而是在車隊的前後隨時支援，畢竟在動輒上百公里的沙漠騎行，食物和飲水是救命的關鍵，車輛的維修影響到大家是否能順利前進……這些都是我要考量的問題！

在車隊前進的過程間，保母車瞻前顧後，我得利用時間打點吃飯的餐館、晚上的住宿，好讓大家能無後顧之憂地騎行，盡情地享受沿路的景致！

第四點，財務的管控。

簡單地說，就是總務啦！一起出門旅行，大家就是生命共同體啦！每天的開銷不小，我就負責幫大夥支付共同費用。

鐵人幫們各個事業有成，財富自由，錢不是問題，雖然如此，創業家血液裡，還是留著冒險患難的基因，所以我們住宿的選擇，從一張床位只收20元的招待所，一直住到貴鬆鬆的四星級飯店，無不嘗試；從在一望無際荒蕪的沙漠裡野炊，到坐在飯店裡喝咖啡，都怡然自得！

我每天幫大家付錢、記帳，盤纏用完了，就跟大家收錢！難免遇到住宿環境惡劣，用餐不衛生……，我只要跟大家說一聲：「不要忘記，這裏是沙漠」，大家又會心一笑，攜手克服！

第五點，幫大家拍下帥氣的照片。

每次自己一個人旅行時，拍風景照沒問題！但想幫自己照張帥氣的照片時，可真是煞費工夫，通常也只能自拍或取一些很小的景，這次也負起了隨行攝影師的責任，要把各位擁有無數粉絲追隨的夢想家們，拍出值得一生回味的帥氣照片！為此，我還大手筆全面換新我所有鏡頭的焦段，只為拍出最好的人像照和最壯闊的沿途美景！

第六、七、八、九、十…點： 採買、拉車、廚師、打雜、駝獸…無所不包事前準備，馬虎不得！

此次絲路騎行除了鐵人幫五員之外，還有老哥才國小五年級的小孩：允揚，六台不同規格的自行車，在出發前已做最好的檢整，至於耗材備料和工具數量的拿捏，關係到重量、成本花費、行李體積……，平衡取捨，全憑過往海外騎行經驗的累積，和一點點的運氣，做好充足的準備，剩的就請老天爺關照，和現場的機智應變了！

貨車師傅
小孫熱心不在話下

在腳踏車、物品整備上，慶幸有小孫搭配的盡善盡美，絲路之行免後顧之憂。

　　去絲路之前，要準備的事情千頭萬緒，由於絕大多數的事情進度都能夠自己掌握，其實並不覺得擔心，唯一有問題的是補給車。我們的目標是希望能找一輛有貨斗的貨車，因為我們每個人都有行李箱，有補給品，在有需要的時候，還可以把腳踏車全部裝到車上，比較安全，貨斗上可以加裝篷布，以免這些物品遭受到風吹日曬。

細心、貼心地準備補給品

　　要找這樣的貨車其實不難，難的是這個貨車要配的駕駛是不是能符合我們的需求。大家身邊都聽過太多不愉快的例子，曾經有朋友要包車，找司機師傅全程陪同參與某些旅程，但由於沿途的配合度不佳，使得整個旅程  的心情大受影響。我們很擔 心因為補給車的狀況，不想 要最後是補給車和駕駛不好 配合，壞了我們這趟旅程的 興致，所以阿樺先聯絡一個 在西安做生意的朋友阿飛，請他幫忙我們找找看有沒有比較好的人選。阿飛介紹了嘉峪關的陳哥和于哥，小孫就是陳哥和于哥在當地找到的（在此特別

感謝阿飛的幫忙，他在西安經營進口跑車的生意，以及在嘉峪關熱情招待我們的陳哥和于哥）。

小孫的名字叫孫勇，他其實是河南人，已婚，有二個小孩。當初他從家鄉，一個人到了南方找事做，在廣州待了四年，做了不少工作，賣過機器，也在工廠待過。他說一個人在南方打工的時候，一人飽、全家飽，每天下了班就跟身邊的同事去打牌、吃喝玩樂，感覺沒有目標、沒有方向，整天不知道在做些什麼，人生沒有一個方向。後來他意識到這樣下去不是辦法，他的生活不能總是耗在這些無意義的事情上，要為將來做些打算，而且一直幫別人打工下去，也不會有前途，還是要自己出來做些事比較實際，所以就有了離開廣州的念頭。

他先回到河南，在別人的介紹之下認識了現在的老婆，二個人交

往、結了婚，成家之後的他，因為男人的責任感，他開始認真的思考，自己創業才是比較好的方式，不要再一輩子為別人打工，後來有個遠房親戚在嘉峪關，那裡的機會可能比較多一點，就帶著老婆搬到那裡去，自己弄了一輛貨車，開始了載貨跑車的工作，這樣的賺錢方式，所有的開銷都是自己的，成本自付、費用都要自行吸收，但是相對的，所有賺到的收入都是自己的，根據他說，這樣的收入遠遠要好過之前幫別人打工上班的時候，也更踏實了。隨著二個小孩的出生，他也更努力的想要打拚，希望透過他的雙手讓家人過更好的生活。

　　這趟的旅程中，我們發現小孫和印象中許多當地人的差異很大，他很老實、很誠懇，很貼心，即使我們沒有開口要求，他也會很主動的幫我們分擔很多的事情。首先，他每天都會仔細檢整大藍巴的車況、檢查貨斗上行李裝載的狀況，確保我們可以毫無後顧之憂的專心騎車，每次只要我們在每一段的騎乘當中要靠邊休息，他就會把車停好，幫我們準備車上的補給品、飲水，讓我們馬上可以得到補充。在路上他也會貼心的幫我們去找西瓜、哈密瓜等等的水果，在適當的時候拿出來幫大家切好，讓我們可以有效的消暑解渴，得到很好的休息。

看見創業家的視野和格局

　　在我們的腳踏車整備上，他也幫了很多忙，每次只要靖宇在換胎、檢修的時候，小孫不會自己躲在旁邊，一副置身事外的樣子，他都會主動到靖宇旁邊幫忙抬車、幫忙鎖螺絲、幫忙打氣、幫忙找工具，幫

忙看前看後。另外，因為允揚有的時候會在大藍巴上休息，小孫就像個大哥哥一樣，溫柔貼心的在旁邊幫忙看護著允揚，讓老哥也可以很放心的專心騎車，不用擔心允揚沒有人照顧。而且小孫很老實，有的時候要吃東西，或是停留在某個地方要在當地旅遊，他都會擔心造成我們多餘的開銷，總是客氣的表示他不要參與，我們問他幹嘛不要？他嘴裡都說因為他不餓或不想玩，但我們知道他的心思，會告訴他不用擔心這些費用的問題。從這些小地方更能夠感受他的貼心，真的很慶幸有小孫和我們搭配的如此完美。

除了他認真、老實的性格，小孫具備的創業家態度也讓我們覺得非常激賞，他在廣州工作幾年下來，意識到人生不可以每天漫無目標的醉生夢死，所以開始自己的創業之路。除了大藍巴跑車之外，他發現嘉峪關當地沒有什麼賣早餐的店家，所以打算和老婆一起在2015年底開一家早餐店，為了這個目標，他特別花了二、三個星期的時間，再度飛到廣州去學習餐飲業的相關技術。這次絲路之行結束了之後，他一個人從烏魯木齊開著大藍巴返回嘉峪關，為了不要浪費這一趟空車，途經吐魯番，他就順道去批了瓜，載滿整整一車。一到嘉峪關之後，馬上就將整車的瓜批給嘉峪關當地的攤商，同樣要跑一趟車，小孫就能嗅到機會，發揮了這麼多的效應，這就是一個創業家的視野和格局。

在小孫的身上，可以看到一個認真努力向上，自我提升的榜樣，人生絕對不只有每天的吃喝玩樂，把自己的思維提升、格局擴大，生活和生命就會變得很不一樣！

WIN 012

自找的。夢想

16天鐵騎穿越絲路，5名鐵人幫網路創業夢想奇蹟

作　　者──黃鵬升、吳輝榮、黃世樺、徐大鈞、黃致倫
封面設計──黃思維
內頁設計──黃庭祥
編　　輯──王克慶
董 事 長
　　　　　──趙政岷
總 經 理
出 版 者 ──時報文化出版企業股份有限公司
　　　　　　10803台北市和平西路三段240號七樓
　　　　　　發行專線／（02）2306-6842
　　　　　　讀者服務專線／0800-231-705、（02）2304-7103
　　　　　　讀者服務傳真／（02）2304-6858
　　　　　　郵撥／1934-4724時報文化出版公司
　　　　　　信箱／台北郵政79～99信箱
時報悅讀網──www.readingtimes.com.tw
電子郵件信箱──ctliving@readingtimes.com.tw
法律顧問──理律法律事務所　陳長文律師、李念祖律師
印　　刷──華展彩色印刷股份有限公司
初版一刷──2015年10月23日
定　　價──新台幣300元

國家圖書館出版品預行編目資料

自找的。夢想：16天鐵騎穿越絲路，5名鐵人幫網路創業夢想奇蹟／
黃鵬升、吳輝榮、黃世樺、徐大鈞、黃致倫作. -- 初版. -- 臺北市：
時報文化, 2015.10

　　面；　公分. -- （WIN；012）

ISBN 978-957-13-6434-6（平裝）

1.遊記 2.腳踏車旅行 3.絲路

690　　　　　　　　　　　　　　　　　　104020366